KB023831

양방향 소통으로 커머스 시장 패러다임의 변화를 열고 주도하고 있는 1인 방송은 무한한 블루오션이다. 이종석 저자는 SBA 1인 미디어 창작그룹 '크리에이티브 포스' 600여 팀의 최고 비즈니스 파트너. 이 책은 끼와 열정을 가진 도전자들이 자신의 삶과 세상을 바꾸는 뉴 노멀이 되는 데 결정적인 도움을 줄 것이다.

_박보경(SBA 전략산업본부장 · 서울애니메이션센터장)

기업들에게 라이브 커머스가 필수인 시대가 왔다. 하이서울브랜드기업협회와 함께 성장하고 있는 1,000여 개의 하이서울 인증 기업들, 그리고 라이브 커머스에 진출하려는 모든 중소기업과 소상공인이라면 반드시 읽어보아야 할 책이다.

_조현종(사단법인 하이서울브랜드기업협회장)

시대의 흐름을 반영하는 언택트·비대면 온라인 판매인 라이브 커머스 책자 발간을 환영하며 전국의 재래시장 상인 및 소상공인들에게 적극 추천한다.

_이인재(서울시상인연합회 사무처장)

홈쇼핑에서 라이브 커머스까지 현장과 강단에서 경험과 학문을 겸비한 저자들이 찾아낸 실전 경험이 고스란히 담긴 책이다. 라이브 커머스도 이제 차별화된 콘텐츠가 필요하다. 특히 언택트 시대에 고객을 직접 판매 대상으로 설득하고자 하는 중소상공인들이나 아이디어 하나로 커머스 시장의 승자가 되기를 희망하는 '예비셀러'들에게 필독을 권한다.

_김종원(SK브로드밴드 상무)

라이브 커머스를 단순히 이론으로만 설명한 책이 아니다. 라이브 커머스 1세대부터 직접 업계에서 발로 뛰며 얻은 소중한 인사이트들을 푹 고아낸 보약 같은 가이드북이다.

_이종수(CJ ENM senior manager)

대세가 되어버린 C2C 생태계에서 휴대폰 하나로 시간과 장소에 구애받지 않고 직접 고객과 소통하며 판매할 수 있는 나만의 전략을 제시하는 이 책에는, 라이브 커머스의 명확한 방향과 길이 있다.

이수석(현대홈쇼핑 브랜드전략팀장)

중국의 2020년 라이브 커머스 시장 규모는 약 163조 원에 달하며, 중국의 왕홍들은 수많은 팬덤과 준공인으로서의 신뢰를 바탕으로 걸어다니는 중소기업처럼 물건을 팔고 있다. 이 책은 국내 라이브 커머스 산업 성장의 훌륭한 지침서가 되어 줄 것이다.

_오제욱(디오비스튜디오 대표)

옆에서 지켜본 진화림 교수는 자신이 해본 것만 가르치는 원칙을 가지고 있다. 라이브 커머스 또한 누구보다 먼저 준비했고 가르치기 위해서 오늘도 생방송 현장에서 뛰고 있다. 이 책은 쇼호스트 지망생들이 라이브 커머스를 준비하면서 막연해할 수 있는 부분들을 하나하나 짚어냈다. 급성장하는 라이브 커머스 시장에서 살아남는 법을 배워보자. 또한 이 책은 TV 홈쇼핑 쇼호스트에게 새로운 대안을 제시하고 있다.

_김효석(쇼호스트 아카데미 대표 · 전 CJ오쇼핑 쇼호스트)

16년차 TV 홈쇼핑 쇼호스트 입장에서 이 책은 앞으로 변화되는 쇼핑 문화와 확장된 쇼호스트의 범위를 일깨워준다. 쇼호스트를 꿈꾸는 많은 이들에게 이 책이 라이브 커머스 셀러를 시작하는 기회가 될 수 있을 것이다.

_김봉희(현대홈쇼핑 쇼호스트)

12년간의 탄탄한 이커머스 이력은 기본. 라이브 커머스 1세대 CP로서 2,500여 회 방송 경험까지 두루 갖춘 이종석 저자의 실전서다. 더 무슨 말이 필요한가? 지금 바로 준비하고 라이브 커머스에 도전하자.

_문천식(개그맨 · 쇼호스트)

라이브 커머스가 대세인 요즘, 많은 개그맨들이 셀러로서 또 다른 부캐를 쌓아가는 지금, 라이브 커머스가 무엇인지 알려주는 책이다. 누구나 셀러가 될 수 있도록 도움을 줄 수 있는 책!

_강재준 · 이은형(개그맨)

폭발적인 성장 잠재력이 현실화되고 있는 라이브 커머스 시장을 정확히 이해하기 위한 필독서다. 특히 이종석 저자의 실전 경험과 노하우가 체계적으로 녹아든 이 책이 시장에 진입하려는 공급자와 수요자 모두에게 훌륭한 지침이 될 것으로 확신한다.

_오상훈(유튜브 30만 훈타민 채널)

혼자서도 잘하는

라이브
커머스

실/전/전/략

스마트폰으로
누구나 월 1,000만 원 버는
1인 판매 방송 노하우

혼자서도 잘하는

라이브 커머스

실/전/전/략

진화림·이종석 지음

일월일일

PROLOGUE ●──

라이브 커머스가
온라인 쇼핑 시장의 선두주자로
떠오르기 시작하는 지금이 기회다

"이것저것 욕심내지 말고 하나라도 제대로 해!"

20대에 내가 가장 많이 들었던 말이다. 그때 나는 TV 홈쇼핑 쇼호
스트로 활동하며 대학원에서 박사과정을 밟고 동시에 쇼호스트 아카
데미에서 강의도 하는 'N잡러'였다. 그러나 돌이켜보면 억척스러웠
던 그때의 내가 있었기에 현재의 내가 있다. 몇 번의 좌절을 겪으면
서도 결코 포기하지 않았던 집념이 무엇이든 해낼 수 있다는 힘이 되
어준 것이다. 미래를 예측할 수 있다면 누구나 성공할 수 있다. 하지
만 예측은 막연하고 불안해서 미래로 내딛는 한 걸음도 쉽지 않다.

내가 쇼호스트라는 직업을 처음 알게 된 것은 케이블 TV 아나운
서 시절이었다. 어느 날 친하게 지내던 PD가 앞으로 홈쇼핑이 각광
받는 날이 올 것이라며 나더러 직업을 쇼호스트로 바꿔볼 생각이 없
냐고 물었다. 처음에는 '아나운서로 잘 활동하고 있는 사람에게 쇼호

스트가 되라니? 그리고 쇼호스트는 아무나 하나?' 하는 삐딱한 생각만 들었다. 그런데 어쩐지 그 이후로 계속 그 말이 귓가를 맴돌았다.

'하던 일이나 열심히 하자'와 '나라고 못할 이유가 있나?' 사이에서 며칠을 고민하다가 결국 쇼호스트에 도전하기로 마음먹었다. 그리고 그때의 결정이 내 인생의 터닝포인트가 되었다. 쇼호스트에 발을 디딘 나는 20여 년간 TV 홈쇼핑 쇼호스트로서 수많은 방송을 진행했다. 그러던 중 우연한 기회에 라이브 커머스를 알게 되었고, 나에게 또 한 번의 터닝포인트가 찾아왔음을 직감했다.

하루에 TV보다 스마트폰을 더 많이 보는 사람이 늘고 있다. 상품을 살 때도 마찬가지다. 백화점이나 오프라인 매장에 직접 가서 눈으로 보고 만져보고 입어봐야만 살 수 있던 시대는 지났다. 언제 어디서든, 스마트폰 속의 셀러가 생생하게 시연하는 영상을 보며 몇 번의 터치만으로 원하는 상품을 손쉽게 살 수 있다.

이제는 모바일이 새로운 일터가 되고, 수입을 창출해주는 공간이 되며, 사람들과 소통하는 장이 되는 시대로 바뀌고 있다. 더구나 코로나19로 사회적 거리두기가 확산되면서 언택트의 흐름이 더욱 가속화되고 있다.

이런 상황에서 새롭게 주목받고 있는 직업이 바로 라이브 커머스 셀러다. 무엇보다도 고객과 소통하고 교감하는 것을 중요하게 생각하며 상품의 가치를 판매하는 라이브 커머스 셀러라는 직업에 호기심이 생겼다. 방송 중에 생긴 매출의 일부분이 나의 수입이 된다는 것 또한 매력적이었다. 도전하지 않을 이유가 없었다. 실패할까 봐 혹은 이 길이 내 길이 아닐까 봐 두려워 발걸음을 떼지 못한다면 항상 그 자리에만 머물게 될 것이다. 아직 늦지 않았다. 라이브 커머스가 온라인 쇼핑 시장의 선두주자로 떠오르기 시작하는 바로 지금이 기회다. (진화림)

2015년 한 라이브 커머스 플랫폼에 재직할 당시, 나는 10명의 PD 그리고 100여 명의 쇼호스트와 함께 아침부터 저녁까지, 10개의 스튜디오에서 무려 150회 넘게 방송을 진행했다. 눈코 뜰 새 없이 바쁘게 움직였지만 상황은 점점 나빠졌다. 홍보와 마케팅이 충분하지 않다 보니 유입되는 시청자가 점점 줄었고 소통이 사라져가는 방송에서 PD와 쇼호스트는 방송시간을 채우는 데만 급급했다. 손님의 눈길을 끌고 발걸음을 붙잡기 위해서는 가게를 꾸미고 점원을 뽑아서 오픈하는 데만 그쳐서는 안 되며 열심히 전단지를 돌리며 홍보와 마케팅을 해야 한다는 사실을 절감했다. 또한 시청자가 무엇을 원하는지 파악하지 못한 채 '10개의 스튜디오에서 동시에 한 가지씩 상품을 팔고 있으니 이중에 마음에 드는 상품이 하나쯤은 있겠지' 하며 막연한 기대를 하곤 했다. 판매하는 상품에 적합한 소비자를 타깃팅하지 않다 보니 '이거 좋은데 살 사람?' 하는 식으로 진행할 수밖에 없었다. 이때 시청자에게 필요한 상품을 준비하고 적절한 방송 제목과 썸네일 이미지로 방송에 입장하게 한 후 타깃에 맞게 상품을 소개하고 시연하는 타깃팅의 중요성을 깨닫게 된 값진 경험이었다. (이종석)

요즘은 누구나 상품을 사는 소비자이면서 상품을 파는 1인 판매자가 될 수 있는 '스몰 비즈니스' 시대다. 현재 라이브 커머스는 전체 전자상거래 시장에서 2퍼센트가 채 되지 않지만 관련 업계에서는 향후 온라인 판매자 중 70퍼센트 이상이 라이브 커머스 판매를 병행할 것으로 전망한다. 즉, 전자상거래 시장이 성장하는 만큼 라이브 커머스 시장도 폭발적인 성장을 할 것으로 기대한다.

이 책은 라이브 커머스에 도전해보고 싶은데 어떻게 시작해야 할지 몰라 막연해하는 이들을 위해 시작 단계부터 마무리 단계까지 모든 것을 쉽고 유익하게 담아냈다. 상품 준비부터 방송 판매까지의 실전 과정은 물론 직접 방송을 기획하고 진행하는 데 필요한 다양한 실전 노하우를 알려준다. 따라서 라이브 커머스 판매자가 시행착오를 최소화하고 실질적으로 성장하는 데 길잡이가 될 것이다.

이 책을 통해 라이브 커머스를 준비하는 예비 창업자, 라이브 커머스로 사업을 확장하려는 온라인 판매자와 오프라인 기반의 소상공인, 데스밸리에 고전하는 스타트업, 라이브 커머스와 온라인 판매로의 전환이나 확장을 준비하는 중소기업 종사자는 물론 TV 홈쇼핑의 높은 문턱에서 매번 좌절하는 쇼호스트 지망생, 리포터, 스피치 강사, SNS 셀럽 등도 라이브 커머스 전문 셀러의 역량을 탄탄하게 강화할 수 있을 것이다.

우리나라는 아직 라이브 커머스의 초기 단계로, 진입장벽이 낮고 그만큼 높은 매출을 올릴 수 있는 가능성이 열려 있다. 이 시장이 도전하는 당신에게 새로운 인생을 여는 돌파구가 되어줄 것이다.

라이브 커머스의 1세대로서 선두주자인 필자들의 생생한 경험과 노하우가 담긴 만큼 라이브 커머스 판매자를 꿈꾸는 이들에게 큰 도움이 되리라고 생각한다. 놓치고 후회할 것인지 제대로 준비해서 이 기회를 잡을 것인지는 각자의 선택에 달려 있다. 이 책이 라이브 커머스에 도전하려는 사람에게는 자신감을, 주저하는 사람에게는 용기를 줄 수 있기를 간절히 바란다.

2021년 1월

진화림·이종석

CONTENTS

Chapter 1

지금 바로 라이브 커머스를
시작해야 하는 6가지 이유

Chapter **2**

라이브 커머스
자신 있게 시작하기

C O N T E N T S

Chapter 6

잘 팔리는 라이브 판매 방송은
무엇이 다를까?

지금 바로
라이브 커머스를
시작해야 하는
6가지 이유

라이브 커머스live commerce는 판매자와 소비자 간 쌍방향 소통을 기
반으로 상품을 소개하고 판매하는 실시간 상품 판매 방송이다. '라이

한국 라이브 커머스 시장의 규모 추정

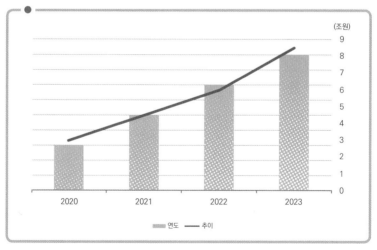

*출처: 이베스트투자증권 리서치 센터

브 커머스'가 대중적인 경제용어로 널리 쓰이기 전에는 '모바일 홈쇼핑', '라이브 쇼핑', '실시간 쇼핑 방송'으로 불리기도 했다. 성장세를 힘주어 말하는 것이 새삼스러울 정도로 라이브 커머스 시장은 매섭게 확장되고 있다. 관련 업계는 라이브 커머스가 시작된 2020년의 3조 원대를 시작으로 2023년에는 8조 원대까지 매출이 가파르게 상승할 것으로 전망하고 있다.

라이브 커머스는 흔히 지상파 TV 채널 사이에 편성되어 있는 TV 홈쇼핑과 비교된다. 내가 원할 때 어디에서든 내게 필요한 상품을 손쉽게 구매할 수 있다는 점이 가장 큰 차이다. 또한 쌍방향 소통이 가능하고 TV 홈쇼핑 대비 방송의 양이 방대하고 다양하므로 상품을 선택할 수 있는 폭이 넓다. TV 쪽을 조금 더 살펴보자면 유튜브가 선봉에 나서고 넷플릭스, 웨이브 등의 플랫폼이 지원 사격을 하는 OTT* 시장이 눈에 띄게 성장하면서 전통 미디어인 TV는 점점 설 자리를 잃고 있으며, 코드 커팅cord-cutting** 현상이 가속화되고 있다. 상황이 이렇다 보니 자연스럽게 지상파 TV를 기반으로 하는 TV 홈쇼핑 업계 역시 타격이 클 수밖에 없다. 물론 라이브 커머스 시장의 성장이 TV 홈쇼핑 시장의 쇠퇴에 따른 반사이익 때문만은 아니지만 왜 이토록 라이브 커머스 시장에 너도나도 뛰어들며 사활을 거는 걸까? 라이브 커머스를 바로 지금 시작해야 이유를 알아보자.

* Over The Top 서비스. 인터넷을 통해 볼 수 있는 TV 서비스를 일컫는다.
** 유료 방송 케이블 시청자가 가입을 해지하고 뉴미디어인 OTT 플랫폼으로 갈아타는 현상을 뜻한다.

실시간으로
쌍방향 소통이 가능하다

"다리가 짧은 편인데 내가 그 바지 입으면 어울릴까요?"

TV 홈쇼핑을 보다 보면 문득 쇼호스트에게 이렇게 말을 걸고 싶을 때가 있다. TV 홈쇼핑은 쌍방향 소통이 불가능하다 보니 해당 상품을 소개할 때 대부분 대중적인 장점만 얘기하는 편이다. 일부 시청자의 개인적인 질문에 응대하다 보면 이에 해당하지 않는 다수의 시청자를 놓칠 수밖에 없다. 하나의 방송마다 막대한 자금을 투입하여 억대의 매출을 목표로 하는 TV 홈쇼핑이 일방향으로 방송할 수밖에 없는 이유다. 그래서 홈쇼핑에서 상품을 샀다가 실패하는 경우가 종종 있다.

반면에 라이브 커머스는 판매자와 소비자 간에 실시간으로 쌍방향 소통이 가능하다. 소비자가 궁금한 사항을 물어보면 판매자가 즉시 마치 오프라인 매장에 방문한 것처럼 생생하게 답을 해준다.

"제 피부 톤이 까만 편인데 이 제품을 사용해도 될까요?"

"네, 고객님. 피부 톤이 까만 편이시라고요? 이 제품은 바를수록 피부 톤을 자연스럽고 환하게 만들어주어서 까만 피부를 가진 분들도 충분히 사용하실 수 있어요."

이처럼 라이브 커머스 판매자는 계속 소통하면서 시청자의 궁금증을 실시간으로 해소해주는 동시에 그들이 무엇을 원하는지 빠르게 파악할 수 있다.

"제가 매운 음식을 정말 못먹는 편인데 그 불막창 많이 맵나요?"

"네, 평소에 정말 맵다는 ○○라면을 잘 먹는 편인 저한테도 이 불막창은 꽤 매워요. 매운 음식 못 드시는 분들께는 추천하지 않아요."

실제로 한 불막창 판매 방송에서 셀러와 시청자가 주고받은 대화다. 판매를 많이 하려면 맵지 않다고 둘러댈 수도 있으나 대다수 판매자는 '솔직함'을 무기로 시청자들에게 진정성을 어필한다. 이것이 진정한 의미의 라이브 커머스 쌍방향 소통이다. 실시간 채팅으로 알게 된 시청자의 의견은 상품, 배송, CS 등을 개선하는 데 소중한 자료로 활용한다.

이렇듯 라이브 커머스는 비대면 TV 홈쇼핑이나 온라인 쇼핑의 단점을 보완하여 시청자의 의견을 직접 들으며 소통할 수 있다는 점에서 상당히 매력적인 채널이다.

누구나 1인 방송
판매자가 될 수 있다

거실 TV 앞에 앉아 방송을 보며 주문해야 하는 TV 홈쇼핑과는 달리 라이브 커머스는 내가 어디에 있든 스마트폰 하나면 모든 것이 오케이다. 장소의 제약이 사라진 것이다.

우선 TV 홈쇼핑은 TV로 방송을 시청하며 전화로 주문하는 방식이다. 상담원을 통해서 주문하거나 ARS 자동 전화 주문 중에서 선택할 수 있다. 물론 시청하면서 상품을 주문하는 것은 맞지만 TV와 전화, 이 두 기기를 번갈아가며 사용해야 한다.

반면 라이브 커머스는 스마트폰만 있으면 방송을 시청하면서 몇 번의 터치만으로 간편하게 주문할 수 있다. 시청하면서 주문하는 방식은 TV 홈쇼핑과 동일하지만 주문 방법과 과정이 훨씬 간소화되었다는 점이 다르다. 이제 상담원과 통화하려고 앞 사람의 통화가 끝날 때까지 기다리는 등 번거로운 과정을 견디며 결제를 이어가는 시청자는 많지 않다.

사무실, 야외, 자택 등 공간 제약 없이 라이브 방송을 하는 모습

*출처: 진화림, 네이버 쇼핑라이브, 그립(왼쪽부터)

또 라이브 커머스는 멋지고 화려한 대형 스튜디오에서 방송하는 TV 홈쇼핑과는 달리 스마트폰만 있으면 어디에서든 방송이 가능하다. 실제로 많은 판매자가 스튜디오, 매장, 회사의 회의실에서 방송하기도 하고 자신의 집 거실과 주방 등에서 편한 차림으로 친숙하게 다가가며 방송하기도 한다.

많은 사람들이 TV 홈쇼핑 쇼호스트보다는 다소 어설퍼 보여도 나와 비슷한 모습으로 친근하게 소통하는 라이브 커머스 셀러를 더욱 편안하게 느낀다. 또한 산지나 시장에 직접 찾아가서 야외 방송을 진행하는 셀러도 있다. 야외 방송은 시청자에게 현장감과 생동감을 준다. 물론 이런 야외 방송에서는 간혹 돌발 상황이 발생할 수 있으나 이 또한 생생하면서도 형식이 파괴된 신선한 느낌을 줄 수 있다. 이처럼 스마트폰만 있다면 누구든 판매자나 셀러가 될 수 있다는 점이 라이브 커머스가 성장할 수 있는 가장 큰 동력이다.

예능형 쇼핑 콘텐츠로
보는 재미를 더하다

　TV 홈쇼핑과 라이브 커머스 모두 궁극적인 목표는 상품을 '판매' 하는 데 있다. 그러나 광고 심의의 제약이 따르고 지켜야 할 규정이 많아 다소 정형화된 TV 홈쇼핑과 달리 라이브 커머스는 표현과 형식이 자유롭다. 이러한 이유로 마치 재미있는 유튜브 영상을 보듯이 방송을 즐기거나 셀러와 수다를 떨려고 방송을 보는 사람도 있다.

　전문 교육 과정을 이수한 후에 높은 경쟁률을 뚫고 채용된 전문 쇼호스트가 출연하는 TV 홈쇼핑과 달리 라이브 커머스는 스마트폰 하나로 누구나 방송을 할 수 있다. 회사에서 흔히 볼 수 있는 직원이나 부장님, 자주 방문하는 가게의 사장님이 등장하기도 하고 유명 연예인이나 인플루언서, 셀럽이 라이브 커머스 셀러로 나서기도 한다.

　나는 그립에서 활동 중인 개그맨 문천식의 방송을 즐겨본다. 처음에는 너무 튀는 의상과 분장으로 방송하는 모습을 보며 경악을 금치 못했다. 그런데 보면 볼수록 이 생각이 머릿속을 떠나지 않았다.

그립에서 개그맨 문천식이 방송하는 모습

*출처: 그립

'아, 이 사람은 진짜 프로다!'

'365일 세일'을 한다는 의미에서 '세일러문'을 콘셉트로 한 문천식은 콘셉트에 맞춰 세일러문 의상과 분장을 한 것은 기본이며 심지어는 20대 여성의 말투로 시청자와 소통한다. 새침한 20대 여성처럼 말하다가 다소 거칠면서도 넉살좋은 이모처럼 재미있게 이야기하는 모습을 보고 있으면 시간 가는 줄 모를 정도다.

또한 네이버와 티몬은 쇼핑에 재미를 더하기 위해 예능형 쇼핑 콘텐츠 방송을 선보이고 있다. 네이버 쇼핑라이브의 '리코의 도전'은 쇼호스트 리코가 시청자들과 소통하며 다양한 주제로 쇼핑 미션을 수행한다. 티몬의 라이브 판매 전쟁 '쇼트리트 파이터'는 연예인들이 팀을 나눠 판매 경쟁을 벌인다. 이처럼 기존 라이브 커머스의 진행 방식을 탈피하여 색다른 장소와 상황에서 미션을 수행하고 언택트 쇼핑에 생동감과 현장감을 전해주는 예능형 쇼핑 콘텐츠는 더욱 늘어날 것이다.

다소 딱딱하고 진지한 TV 홈쇼핑과 달리 보기만 해도 즐거워지는 콘텐츠 역시 라이브 커머스가 뜨는 이유 중 하나다.

온라인 쇼핑의 강자로
떠오르고 있다

코로나19가 가져온 일상의 변화는 놀랍다. 보통 사업을 시작하면 사무실을 얻거나 매장을 차리는 등의 '정상적인 수순'을 밟지 않아도 되는 시대가 온 것이다. 특히 쇼핑 산업에서는 더 이상 오프라인 매장이나 시장에 직접 가지 않아도 손쉽게 상품을 구매할 수 있게 되었다.

오프라인을 기반으로 사업하는 판매자에게 온라인 사업은 '선택사항'이었다. 굳이 새로운 도전을 하지 않아도 안정적으로 사업을 운영할 수 있었던 것이다. 그러나 이제는 상황이 백팔십도 달라졌다. 오프라인에서 온라인으로 산업의 흐름이 변하고 있다.

춘천시의 한 육류 유통업체는 2017년부터 오프라인 중심의 도소매 사업을 시작했다. 시작할 때부터 승승장구하는 유통업체는 흔치 않듯 이 업체도 처음에는 일반적인 도소매 총판 업체에 지나지 않았다. 그러던 2020년 2월경, 업체의 대표가 라이브 커머스 시장에 진출했다. 육류를 취급하는 판매자답게 남다른 체격과 푸근한 인상, 소탈

한 말투로 시청자와 소통하며 판매를 이어나갔다. 그렇게 꾸준히 1년 간 라이브 커머스를 진행하며 2,700여 명의 팔로워를 확보한 그는 해당 플랫폼에서 '올해를 빛낸 셀러 TOP 30'에 선정되는 기쁨을 누리기도 했다. 이러한 성과로 매출이 자연스럽게 몇 배 올랐고 오프라인 매장 역시 매출이 함께 상승했다.

비대면 시대라고 해서 무조건 오프라인 사업을 접고 온라인 사업으로 전환하라는 말이 아니다. 오프라인 사업을 유지하면서 온라인 사업도 병행해서 추진해보라는 얘기다.

내가 이커머스 플랫폼 회사에 있을 때 알게 된 충남 논산의 방울토마토를 재배하는 농가도 얼마 전 라이브 커머스를 시작했다. 오프라인 판매만 고수하더니 코로나의 여파로 손님들의 발길이 뜸해지자 라이브 커머스 판매를 병행하게 된 것이다.

자신이 직접 셀러가 되어 매장 한편에서 일주일에 세 번 방송하는데, 방송 판매 실적이 점점 좋아지고 있다. 게다가 방송을 본 사람들이 매장에 직접 찾아와 토마토를 사가는 일이 많아지면서 썰렁하던 매장도 조금씩 활기를 찾아가고 있다. 이렇게 오프라인과 온라인 판매를 병행할 경우 침체에서 벗어나는 것은 물론 오프라인 사업에도 시너지가 될 수 있다.

개인의 취향에 맞는
상품을 추천해준다

TV 홈쇼핑은 지상파나 종편, 케이블 방송을 보는 시청자를 공략해야 하므로 정규 채널에서 방영하는 각 프로그램의 시작과 종료 시각을 꿰뚫고 있어야 한다.

예를 들어 뉴스를 보다가 아나운서가 마무리 멘트를 할 무렵이면 시청자들은 채널을 돌리며 TV 홈쇼핑 채널을 지나게 되는데, 이때 시청률과 주문이 폭발적으로 늘어난다. 시청자는 순간 큰 변별력 없이 '저거 하나쯤 사도 좋겠다'라는 생각으로 주문을 하고 만다. 충동적으로 샀다가 빨래걸이로 전락한 러닝머신을 주변에서 흔히 볼 수 있는 것도 이러한 TV 홈쇼핑의 구매 패턴 때문일 것이다.

'소비자가 능동적으로 필요한 상품을 구매하는가?'라는 측면으로 접근해보면 알 수 있다. TV 홈쇼핑 채널은 1번부터 20번까지의 채널을 기준으로 약 10개 정도의 상품을 선보인다. 이 가운데 시청자가 원하거나 그들에게 필요한 상품이 하나도 없을 수가 있다. 반면 라이브 커머스는 수십 수백 채널 중 내가 원하는 방송을 직접 골라서 상품을 구매할 수 있다.

라이브 커머스가 성장하게 된 배경은 유튜브와 밀접한 연관이 있다. 앞에서 얘기한 코드 커팅 현상의 가속화에 일등공신인 유튜브YouTube와 넷플릭스Netflix의 핵심은 취향 기반 콘텐츠를 제공한다는 것이다. 이 같은 개인 맞춤화personalized 전략에 따라 유튜브, 넷플릭스는 사용자에게 그들의 취향에 알맞은 콘텐츠를 선별하여 끊임없이 추천해준다.

특히 유튜브는 홈 화면, 검색, 영상 시청 중, 영상 종료 후 등 모든 순간과 영역에서 '바로 이어서 봐야 할 영상'을 귀찮을 정도로 보여준다. 사용자가 선택한 영상이 무엇인지, 어떤 영상에 '좋아요'와 댓글을 남겼는지, 얼마나 오래 시청했는지 등 사용자의 모든 흔적을 파악하고 있는 유튜브는 사용자에게 '안 보고는 못 버틸' 만한 취향 저격 영상을 계속 추천하다 보니 사실 지겹다고 느낄 틈조차 없다. 또한 사용자가 이미 본 영상을 다시 추천하거나 자동으로 재생되는 경우가 없을 정도로 콘텐츠의 양 또한 방대하다.

기획, 촬영, 영상 품질, 호화 캐스팅 등은 좋을지언정 소수의 콘텐츠를 개인의 취향과는 상관없이 모두에게 똑같이 제공하는 TV 방송과는 달리 콘텐츠를 무한정으로, 그것도 개인 취향에 맞춰 제공하는 유튜브와 넷플릭스는 시청자의 취향에 따른 선택의 폭 자체에서 큰 차이를 보인다.

마찬가지로 라이브 커머스 플랫폼도 성장기에서 성숙기로 넘어가는 시점에는 쿠팡, 알리익스프레스처럼 소비자의 취향을 분석해서 끊임없이 개인에게 맞는 상품을 추천하는 기능이 도입될 것이다. 따라서 라이브 커머스에서도 취향에 맞는 상품과 방송을 자동으로 제공해주면 시청자는 마음대로 골라볼 수 있게 될 것이다.

라이브 커머스가
폭발적으로 성장하는 지금이 기회다

　국내 라이브 커머스 시장은 그야말로 춘추전국시대다. 네이버가 높은 시장 점유율로 자리 잡고 있는 와중에 카카오, 그립 등의 라이브 커머스 플랫폼도 뒤를 바짝 쫓고 있다. 또 대형 IT 기업과 백화점, 할인점 기반의 유통업계 대기업들이 잇따라 라이브 커머스에 진출하고 있으며 쿠팡, 11번가, 티몬, G마켓 등의 이커머스 플랫폼들도 여기에 가세하고 있다. 게다가 인스타그램, 페이스북, 틱톡 등의 글로벌 SNS 플랫폼까지 라이브 커머스 서비스의 국내 상륙이 임박했으니 그야말로 춘추전국시대를 방불케한다.

　그렇다면 국내 라이브 커머스는 언제 어떻게 처음 등장한 걸까? 바로 라이브 스트리밍 플랫폼 아프리카TV가 그 시초다. 2015년 11월 3일, 아프리카TV에서 쇼핑 플랫폼인 샵프리카TV를 정식으로 오픈했다. 당시 인기 BJ인 '방송천재까루'가 쇼호스트로 출연해 국내 최초

샵프리카TV가 오픈할 당시의 배너

*출처: 샵프리카TV

라이브 커머스의 포문을 열었다. 첫 방송에서 판매한 상품은 플리스 집업, 섬유향수, 핸드크림, 야관문차 등이었다.

당시 이 방송이 화제가 되었던 이유는 기존 TV 홈쇼핑의 형식을 완전히 탈피했기 때문이다. 스튜디오가 아닌 야외에서, 심지어 저녁 시간에 번화가를 돌아다니며 생방송을 했다. 전문 쇼호스트가 출연해 정돈된 판매 멘트를 하는 것이 아니라 현장에서 즉흥적으로 섭외한 일반인이 등장했으며 쇼호스트는 스마트폰을 들고 다니며 실시간으로 올라오는 채팅글을 읽어주고 바로 답변해주는 식의 소통을 이어갔다.

더욱 놀라웠던 것은 지금의 라이브 커머스와 마찬가지로 방송을 시청하면서 화면에 나오는 상품 아이콘을 터치해 바로 주문과 결제를 할 수 있는 기능이었다. 6년 전에 이미 현재 수준의 기능을 제공하는 방송을 한 것이다.

그 이후 무궁화꽃이피었습니다가 라이브 커머스 플랫폼으로 등장했다. 이 플랫폼의 창립 멤버인 나는 11명의 PD로 구성된 방송제작팀의 팀장으로 근무하며 100명의 쇼호스트와 함께 아침부터 저녁까지, 하루에 무려 15타임씩 10개의 스튜디오에서 150회 이상의 방송을 진행했다.

그야말로 살인적인 일정이었다. 단 한 사람이, 그것도 최첨단 자동 프로그램이 아니라 엑셀 파일 하나만으로 관리했다. 식당에서 밥을 먹을 때도 오른손으로는 밥을 떠먹으면서 왼손은 무의식적으로 컨트롤 C와 V를 누르고 있을 정도였다. 내가 엑셀을 조종하는 것인지 엑셀이 나를 조종하는 것인지 모를 만큼 바쁜 나날이었다.

그후 우먼스톡 등의 독립 플랫폼과 GS숍, 티몬, 인터파크 등과 같은 이커머스 플랫폼의 라이브 커머스 서비스가 꽤 활발하게 운영되었다. 당시 유통업계와 IT 업계는 이런 라이브 커머스 기류에 편승해서 자체 서비스를 오픈할지 좀 더 시장 추이를 지켜볼지 고민하는 분위기가 지배적이었고 강력한 선구자가 나타나기를 바라는 눈치였다.

그간 라이브 커머스는 독립 플랫폼 혹은 이커머스 쇼핑몰 안에서 '라이브 특별 방송' 같은 특별 기획전 형태로 종종 방송을 해왔다. 그러나 투자 대비 효율 측면에서 마땅한 퍼포먼스를 보여주지 못해 언제부터인가 조용히 자취를 감추었다. 기존의 라이브 커머스 플랫폼이 실패한 원인은 다양하지만 무엇보다 시대를 너무 앞서간 것이 문제였다. TV 홈쇼핑과 이커머스가 굳건히 자리를 지키고 유튜브가 폭발적인 성장을 하던 시기로 각각의 역할이 명확했다. 방송쇼핑은 TV 홈쇼핑, 인터넷쇼핑은 이커머스, 영상콘텐츠는 유튜브. 굳이 영상을 보며 쇼핑하는 모호한 포지셔닝이 라이브 커머스가 대중들의 관심을 끌지 못했던 이유다. 그 와중에 네이버라는 강력한 선구자까지 등장했다. 다행스럽게도 네이버라는 강력한 선구자 덕분에 국내 라이브 커머스 시장이 빠르게 성장하고 도입기에서 무난하게 정착기로 넘어갈 수 있었지만 말이다.

국내 라이브 커머스 시장의 흥망성쇠를 직·간접적으로 두루 경험한 나는 라이브 커머스를 할까말까 고민하는 분들에게 "지금 당장 라이브 커머스를 시작하라"고 자신 있게 권유한다. 라이브 커머스의 역사와 유튜브와 같은 개인 맞춤화 기반 OTT 시장의 성장 추이를 보았을 때 적어도 향후 수년간 라이브 커머스 시장은 더 성장할 것이 확실하기 때문이다.

2020년 국내 이커머스 시장 규모는 155조 원, 라이브 커머스 시장 규모는 3조 원에 이른다. 이는 전체 이커머스 대비 1.9퍼센트에 불과한 수치다. 하지만 여러 이커머스 플랫폼이 라이브 커머스 시장에 뛰어들고 있으며 유통업계 전체가 라이브 커머스 시장에의 진출을 가속화하고 있는 만큼 라이브 커머스의 성장성이 매우 높다고 볼 수 있다.

라이브 커머스가 폭발적으로 성장하는 지금이 최고의 기회다. 달리는 말에 올라타자. 이 책으로 지금부터 확실하게 준비해서 하루라도 먼저 시작한다면 선점할 수 있는 기회는 충분하다.

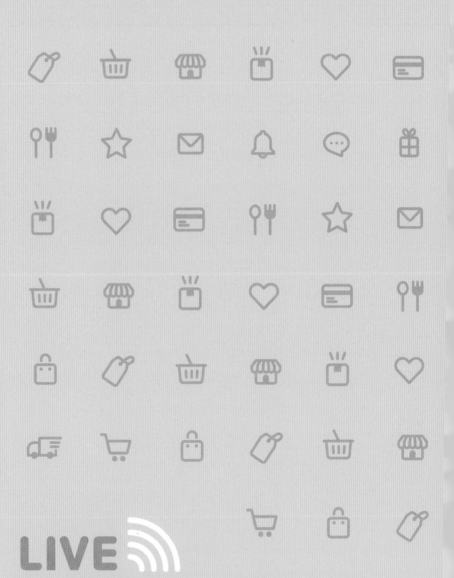

라이브 커머스
자신 있게
시작하기

라이브 커머스와 이커머스

01 이커머스를 알면 라이브 커머스가 쉽다

라이브 커머스에게는 비디오 커머스video commerce라는 형이 있다. 이

국내 이커머스 시장 규모

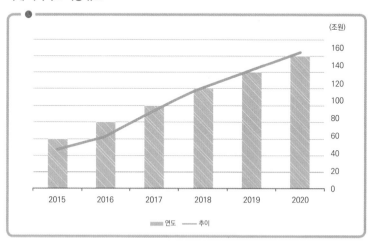

*출처: 통계청

형제의 아버지가 바로 이커머스e-commerce다. 1996년에 출생한 이커머스는 2013년에 비디오 커머스를 낳았고, 2015년에 둘째인 라이브 커머스를 낳았다.

일각에서는 라이브 커머스와 비디오 커머스 형제의 아버지가 유튜브라는 설도 있다. 이 주장은 유튜브라는 동영상 플랫폼을 통해서 사람들이 상품의 사용법, 후기, 언박싱unboxing* 등의 영상을 올리고 이 영상을 본 사용자들의 요청으로 비디오 커머스가 생겨났으며, 실시간으로 유튜버와 소통하며 상품의 실물을 보여달라는 요구 때문에 라이브 커머스가 생겨났다는 이유에서다.

하지만 이커머스의 주장은 다르다. 전자상거래를 통해 온라인으로 상품을 사는 소비자가 늘어나면서 이커머스 업계는 무한 경쟁 체제로 돌입하게 된다. 긴 설명글과 정적인 이미지로 구성된 상세페이지에 염증을 느끼고 보다 실제적이면서도 생생한 상품 정보를 원하는 소비자들의 요청으로 플랫폼은 선택적으로 동영상을 제공하기 시작했다. 그리하여 판매자가 촬영한 상품의 동영상을 보고 사는 비디오 커머스를 넘어 생방송을 보고 사는 라이브 커머스가 등장한 것이라는 주장이다.

누가 아버지이든 무슨 상관이랴. 하지만 한 가지 분명한 것은 이커머스를 알면 라이브 커머스가 쉬워진다는 사실이다. 라이브 커머스로 상품을 판매하기 위해서는 이커머스를 반드시 알아야 한다.

* 상자를 연다는 뜻으로 구매한 상품을 개봉하고 사용해보는 것을 말한다.

02 성공적인 라이브 커머스를 위해 필요한 것은?

일반적으로 위탁판매를 원하는 판매자가 라이브 커머스를 준비하는 과정은 이렇다. 물론 상품을 직접 생산하거나 제조하는 판매자라면 '라이브 커머스 플랫폼 입점' 단계부터 시작하면 된다.

상품 소싱 리스트업 → 공급업체 제안 및 영업 → 공급업체 거래 계약 → 라이브 커머스 플랫폼 입점 → 상품 공급가 협의 → 상품 판매가 설정 → 주문 발주, 배송 협의 → 방송 제반 사항 준비

이 과정에서 마지막 '방송 제반 사항 준비'를 제외한 거의 모든 항목이 바로 이커머스 판매의 기본 과정이다. 라이브 커머스에서 가장 중요한 요소는 당연히 '판매할 상품'이다. 셀러나 방송이 다소 마음에 안 들더라도 상품의 가성비만 좋다면 소비자로서는 굳이 안 살 이유가 없다. 온라인 쇼핑을 하며 장바구니에 담아두었던 상품이 특가로 판매되는 것을 발견했을 때 상세페이지에 담긴 상품의 이미지나 폰트, 디자인 등이 별로라는 이유로 구매를 망설이지 않는 이유와 같다.

라이브 커머스에서 높은 판매 실적을 기록한다면 그 상품이 잘 팔리는 상품이라는 방증이다. 이럴 때 공급업체와 협의해 이커머스에서도 판매를 병행하여 라이브 커머스 판매와 함께 시너지를 극대화할 수 있다.

반면 방송 판매 실적이 저조해 방송을 중단하는 경우가 생겨도 낙심하지는 말자. 잘 팔리지 않는 상품이라서 그럴 수 있다. 이때는 이커머스에서 판매하더라도 좋은 실적을 거둘 수 없을 것이다.

여기서 라이브 커머스의 성패를 좌우하는 핵심은 바로 상품에 대한 객관적인 분석이다. 초보 라이브 커머스 셀러는 '판매를 위한 방송'이 아닌 '방송을 위한 판매'에 더 치중하곤 한다. 나 역시 방송이 끝난 뒤 "오늘 매출 어때요?"가 아닌 "오늘 방송 어땠어요?"라는 셀러들의 질문을 종종 듣곤 한다. 그렇게 치중하던 방송을 걷어내면 상품만 남는다. 이때 상품을 제대로 바라볼 수 있다.

상품의 이모저모를 꼼꼼하게 뜯어보고 어떤 점이 시청자에게 어필할 수 있을지 궁리하던 처음으로 돌아가 해당 상품 자체의 장단점과 경쟁력을 다시 살펴보고 부족한 부분이 무엇인지 냉철하게 판단하자. 이 부분을 보완하고 개선한다면 이커머스 판매를 통해 희망적인 실적을 거둘 수 있을 것이다. 또한 이커머스에서의 판매가 안정화되면 지난 시행착오를 교훈 삼아 다시 라이브 커머스에 도전할 수 있다. 이처럼 이커머스가 빠진 라이브 커머스는 성립되지 않는다. 그러므로 이커머스와 친해져야 한다.

판매할 상품 소싱하기

 어떤 상품을 팔 것인가?

이제 본격적으로 상품을 소싱sourcing하는 방법에 관해 알아보자. 상품 소싱은 크게 2단계로 나눌 수 있다.

- 상품 리스트업
- 공급업체 제안 영업

현재 판매할 상품을 가지고서 유통과 판매를 하고 있는 판매자라면 이 단계를 건너뛰지만 이제 막 라이브 커머스에 입문하는 판매자에게는 무엇보다 중요한 단계다.

판매 상품 찾기

가장 먼저 '어떤 상품을 팔 것인가?'를 생각해봐야 한다.

'내가 평소에 관심이 있고 잘 팔 수 있는 상품을 팔 것인가? 혹은 소비자가 원하는 상품을 팔 것인가?'

이 두 가지 전제를 제시했을 때 대부분 "소비자가 원하는 상품을 팔아야 한다"라는 답을 내놓는다.

소비자가 원하는 상품은 대부분 '품질이 좋고 가격이 저렴한 상품'일 것이다. 이때 모든 판매자가 소비자가 원하는 상품만을 소싱하게 되는 경우 두 가지 문제가 발생할 수 있다.

첫 번째, 이러한 상품은 우리에게 쉽게 오지 않는다. 품질이 좋고 가격이 착한 상품은 별도로 광고를 하거나 마케팅을 하지 않아도 구매자의 경험과 후기를 통해 빠르게 확산된다. 그렇게 알아서 잘 팔리는 상품을 가진 제조업체나 브랜드사에서 특별히 나에게 공급해줄 이유가 없다.

두 번째, 판매를 하면 할수록 전문성의 한계를 느낄 수 있다. 예를 들어 건강에 관심이 별로 없는 팔팔한 20대 판매자가 홍삼과 같은 건강기능식품을 판매한다고 가정해보자. 판매자는 제조업체에서 전달받은 상세페이지에만 의존해서 상품에 대한 정보를 습득해야 한다. 그러나 이미지와 텍스트만으로 구성된 상세페이지에는 상품의 모든 장점, 특징, 정보를 하나도 빠짐없이 담을 수도 없거니와 특히 건강기능식품은 과대광고를 방지하기 위해 광고 심의를 준수한 내용만으로 소구訴求[*]해야 하므로 더더욱 한정된 내용이 담길 수밖에 없다.

　만약 위의 판매자처럼 아직 건강식품을 꾸준히 섭취할 필요가 없는 경우라면 다소 부족한 상품 정보를 보완하기 위해 샘플을 받아서 먹어보는 노력을 해볼 수 있다. 판매자는 라이브 커머스에서 개인의 경험을 통한 여러 소구점을 설명할 수 있을 테지만 진정성이 담겨 있지 않다면 금세 바닥이 드러나기 마련이다. 일부일지라도 거짓 효능과 느낌을 이야기하면 똑똑한 소비자는 진정성 없는 모습의 판매자를 신뢰하지 않게 될 것이다. 아무리 소비자가 원하는 상품을 판매한다고 해도 내가 관심없는 상품이라면 전문성의 한계에 부딪힐 수 있다는 것이다. 물론 판매자가 지인에게 선물한 뒤 그들의 효능과 경험을 듣고 이를 방송에서 활용할 수는 있다. 그러나 대부분은 "이거 먹으니 몸이 가뿐해진 느낌이야!", "꾸준히 먹고 면역력이 좋아졌는지 감기에 잘 안 걸리는 것 같아" 등의 지극히 추상적인 표현 정도일 것이다. 일부 화술에 능한 판매자는 이를 적절히 활용해 방송에서 소구할 수도 있겠지만 위에서 말한 것처럼 진정성이 담겨 있지 않다면 금세 들통나고 만다. 지금쯤 눈치가 빠른 독자라면 이렇게 생각할 것이다.

　'내가 평소 관심이 있고 잘 팔 수 있는 좋은 품질과 착한 가격의 상품을 팔면 되는구나!'

　그러나 안타깝게도 이 생각 역시 모범 답안이 아니다. 평소 다이

---

* 구매자의 구매욕을 자극하기 위해 상품이나 서비스의 특성이나 우월성을 호소해 공감을 구하는 것을 말한다.

어트에 관심이 많고 다양한 다이어트 도시락을 먹어본 판매자가 있다고 가정해보자. 그는 자신이 다이어트 도시락이라면 안 먹어본 것이 없을 정도로 어지간한 브랜드는 다 알고 있고 상품 정보도 다 꿰고 있으므로 누구보다 잘 팔 수 있을 것이라고 생각한다. 상품 소싱을 위해 평소 주문하던 쇼핑몰의 인기 도시락 업체 A에게 소비자가 아닌 판매자 입장으로 연락해서 공급을 요청한다. 물론 운이 좋아 계약을 체결할 수도 있겠지만 앞서 말한 대로 이렇게 잘 나가는 상품을 업체가 순순히 공급해줄 리가 만무하다. 도시락 업체 A는 판매 이력이 없는 당신에게 무턱대고 상품을 내줄 수 없다고 한다. 그래서 다른 도시락 업체 B에게 연락을 해보니 이곳은 쇼핑몰에 직영으로 입점해서 판매하고 있어 2차 유통사는 두지 않는다는 회신으로 정중히 거절한다. 마지막으로 도시락 업체 C에게 연락해보니 광고 문의 전화는 사절한다며 매몰차게 전화를 끊어버린다.

내가 잘 팔 수 있는 상품을 팔자니 한계에 부딪히고 소비자가 원하는 대박 상품을 팔자니 상품을 공급받기가 어렵다. 이쯤에서 답답해할 예비 판매자를 위해 내가 생각한 나름의 답을 제시하면 이렇다.

• 상품에 최소한의 관심이 있다.
• 소비자가 만족할 만한 적당한 품질과 적정한 가격의 상품을 판매한다.
• 타깃팅한 특정 소비자 그룹에 판매한다.

이는 내가 12년간 쇼핑몰, 제조업체, 유통업체에서 다양한 상품을 소싱하고 제안하고 판매하는 전자상거래업에 종사한 경험과 현재 라이브 커머스와 비디오 커머스 사업을 영위하는 사업체를 운영하며 수많은 상품을 다루는 판매자 입장에서 내린 답이다.

올해 거래처 대표의 소개로 한 투자회사와 미팅을 하게 되었다. 지금도 어려운 시드 투자, 엔젤 투자 등의 용어와 개념을 단단히 숙지하고 미팅에 들어갔는데 그때 투자자의 한마디가 정곡을 찔렀다.

"주식회사 커션콘텐츠핫 스토어의 주요 고객층이 어떻게 되나요?"

"현재 방송 중인 상품들은 해당 스토어의 고객층을 분석하고 진행한 소싱인가요?"

나는 순간 말문이 턱 막혔다. 십수 년간 이 업계에서 나름 괜찮은 커리어와 노하우를 쌓고 라이브 커머스 시장에 빠르게 진입해 사업을 확장하고 있다고 생각한 나 자신이 부끄러워지는 순간이었다. 라이브 커머스를 300회 넘게 진행하는 동안 정작 우리의 주요 고객층조차 파악하지 못했다는 생각에 둘러대기에만 급급했다.

"고객층을 분석하는 것은 현실적으로 어렵습니다."

물론 해당 라이브 커머스 플랫폼에서 고객층을 파악하는 방법은 그리 많지 않다. 우리 스토어를 팔로우하는 사람의 정보를 볼 수는 있으나 닉네임과 프로필 사진 외 다른 정보는 볼 수 없다. 심지어 대부분 프로필 사진을 등록하지 않아 고객이 어떤 사람인지 예측조차 하기 어렵다. 또한 주문서를 통해 배송이 완료되는 시점까지 배송을 위한 최소한의 정보인 이름, 주소, 연락처만 파악할 수 있다. 연령대는커녕 성별조차 이름으로 추측하는 실정이다.

어쨌든 미팅은 아무런 성과 없이 마무리되었다. 그러나 이는 우리 스토어의 고객층에 대해 깊이 생각해보는 계기가 되었다. 어떻게 해야 지금보다 나은 수준의 고객 인사이트를 얻을 수 있을까? 고심 끝에 방법을 찾아냈다.

'방송마다 해당 상품의 타깃 고객을 정하자.'

남녀노소 전 국민을 대상으로 하는 상품이 아니라 특정 계층을 공략해 판매하며 방송 역량을 강화하기로 했다. 한번은 차전자피 성분이 들어간 건강식품 방송을 하는데 각각 타깃팅을 다르게 해보았다.

20대 여성 셀러가 이제 갓 입사한 사회 초년생과 20대 직장인 여성을 위한 맞춤형 셀링 포인트를 소구하며 "회사의 여러 스트레스로 인해 변비가 심해진 우리 20대 직장인분들에게 꼭 필요한 제품이죠"와 같은 멘트로 공감대를 불러일으키고 구매로 이어지도록 했다. 또한 같은 상품을 30대 남성 셀러가 40대 과장·차장급 남성 직장인을 대상으로 타깃팅해서 "격무에 지치고 음주로 인해 불규칙적으로 화장실을 들락날락하는 40대 남성분들은 이 제품에 주목해보세요"와 같은 멘트를 하며 방송을 진행했다.

비록 드라마틱한 변화는 아니지만 이러한 타깃팅을 시도하며 조금씩 매출이 상승하였고, 특히 방송 개별 구매율(구매자수÷시청자수)은 균일하게 상승하고 있다. 타깃팅을 시도하며 조금씩 고객 데이터가 누적되고, 이를 활용해서 스토어와 방송에 유입되는 소비자에게 맞춤형 상품을 선보일 수 있는 점은 라이브 커머스 사업 측면에서 꽤 유의미한 일이다. 이제 앞에서 제시한 답을 좀 더 자세히 살펴보자.

상품에 최소한의 관심이 있다

내가 관심이 많아 잘 팔 수 있다는 자신감이나 확신에서 오는 '잘 팔아야 한다'는 강박을 조금은 내려놓으라는 의미다. 이는 방송에서 소비자가 굳이 원하지 않을 수도 있는 세부 정보를 깊숙이 파고들어 방송의 흐름을 거스르는 행동을 방지하기 위함이다.

"여러분, HACCPHazard Analysis and Critical Control Point* 인증이 얼마나 중요하냐면요. 이 인증을 받기 위해서 8단계의 심사를…"

이런 멘트를 길게 이어나가는 경우, 시청자는 지루해할 수도 있다. 시청자 입장에서는 지나치게 세부적인 정보보다는 맛이 어떤지, 배송은 빨리 되는지 등의 단순하지만 궁금한 정보를 더 필요로 한다. 판매자가 지나치게 세부적인 정보를 전달하는 데 심취해서 다른 문의를 무시할 경우 시청자는 방송을 나가버린다.

또한 최소한의 관심이 가는 상품으로 소싱 기준을 낮춘다면 상품 선택의 폭이 훨씬 넓어질 수 있다. 그래서 아예 관심이 없고 내 환경과 동떨어진 상품이 아닌 이상 '이 상품이면 방송을 해볼 만하겠는데?' 하는 수준의 상품으로 소싱의 선택지를 늘릴 수 있다.

소비자가 만족할 만한 적당한 품질과 적정한 가격의 상품을 판매한다

품질이 좋고 가격이 착한 '대박 상품'은 내 차지가 되기 어렵다. 그러니 소싱의 기준을 낮추는 것이 현실적이다. 손쉽게 매출을 올리는

---

* 식품의 원재료 생산에서부터 최종 소비자가 섭취하기 전까지 각 단계에서 여러 위해 요소가 해당 식품에 섞여 들거나 오염되는 것을 방지하기 위한 위생 관리 시스템.

방법은 최저가로 판매하는 것이다. 그러나 이윤을 남기지 않는 판매는 비즈니스가 아니다. 하물며 최저가 이하로 판매하려고 해도 판매가 되지 않는 경우도 있다.

가격이 저렴하면 무조건 잘 팔릴 줄 알았는데 왜 안 팔릴까? 소비자 입장에서 잘 생각해보면 상품을 살 때 가격 하나만을 보는 게 아니라 후기, 평점, 판매자의 신뢰도 등 여러 요소를 복합적으로 고려한다는 것을 알 수 있다. 소싱의 문턱을 낮춰서 우선 적당한 품질과 적정한 가격대 상품의 공급선을 안정적으로 확보한 후에 구매자와 솔직하고 진정성 있게 실시간 소통하는 라이브 커머스의 강점을 십분 활용해서 판매하는 것이 가장 이상적이라고 생각한다.

타깃팅한 특정 소비자 그룹에 판매한다

2014년 tvN에서 방영했던 드라마 〈미생〉에 인상적인 장면이 나온다. 오상식 과장은 신입사원들에게 10만 원을 주고 뭐든 팔아서 이윤을 남겨오라고 한다. 신입사원 장그래와 장백기는 시장에서 10만 원어치의 양말과 속옷을 샀지만 판매가 뜻대로 되지 않자 궁여지책으로 장백기의 친한 선배 회사로 찾아간다.

"얼마에 팔 건데?"

"선배님께는 좋은 가격에 드려야죠."

"내가 너한테 술도 사고 더한 것도 살 수 있지만 이건 안 산다. 왜인 줄 알아? 이건 나한테 필요 없는 물건이니까."

라이브 커머스를 볼 때는 그저 '시청자'이지만 구매를 고민하는 순간부터는 매우 이성적이고 냉철한 '소비자'로 변한다. 아무리 내 방송을 즐겨보는 시청자라도 자신에게 필요하지 않은 상품이라면 사지 않는 것이 당연한 일이다. 하지만 판매자가 사전에 방송 제목과 미리보기 이미지를 통해 '이 상품은 이런 사람을 위한 것'이라는 메시지를 전달하며 해당 타깃을 집중적으로 공략한다면 해당 방송에 입장한 시청자는 곧 구매자가 될 것이고, 이는 매출로 이어질 가능성이 높다. 설령 타깃팅이 적절하지 않아서 매출이 미미하더라도 실망하지 말자. 해당 방송 이후에 평소보다 팔로우가 늘었다면 그것만으로도 충분하다.

방송에 들어왔던 시청자는 '비록 지금은 사지 않지만 나에게 필요한 상품을 방송한다면 꼭 사겠다'는 생각으로 판매자의 스토어를 팔로우했을 것이기 때문이다. 상품을 타깃팅 없이 모든 사람에게 판매하려다가 모두 놓치지 말고, 내 상품이 꼭 필요한 소비자를 타깃팅해서 판매하는 것이 매출로 직결된다는 사실을 기억해야 한다.

내가 가장 잘 팔 수 있는 상품의 카테고리 정하기

상품 카테고리를 정한 후에 소싱할 상품을 리스트업하는 방식이 일반적이다. 그러나 나는 반대로 상품 카테고리를 정하지 않고 우선 다양한 상품을 소싱해보는 것이 바람직하다고 생각한다. 하나의 상품이나 카테고리를 특정해둘 경우 전문성은 빠르게 쌓을 수 있을지 몰라도 자칫하면 하루가 다르게 급변하는 라이브 커머스 시장에서

고립될 수 있는 위험도 존재한다.

예를 들어 A라는 판매자가 코로나19로 인해 방역 관련 상품을 주로 취급하는 '위생용품' 카테고리로 방송을 진행하려는 계획을 세웠다고 가정해보자. 이 카테고리의 전문성을 높이기 위해 처음 소싱했던 상품인 마스크 종류를 늘리고 손세정제, 소독제 등의 상품을 추가하며 해당 카테고리의 품목을 확장해나갔다. 그런데 얼마 지나지 않아 백신과 치료제의 임상시험이 성공적으로 끝나 일반인에게 의료서비스와 약이 처방되는 등 매우 빠른 속도로 상황이 안정되기 시작한다. 이로 인해 위생용품의 매출이 급감하면서 공장 설비를 증축하는 등 무리하게 투자했던 개인과 기업은 큰 위기를 맞는다. 하위 유통업체인 판매자 A 또한 고스란히 막대한 피해를 떠안는다. 극단적인 예를 들기는 했지만 하나의 카테고리에만 집중했을 경우에 충분히 벌어질 수 있는 일이다.

하루가 다르게 급변하는 라이브 커머스 시장에서 특정한 카테고리를 먼저 설정하기보다는 다양한 카테고리의 상품을 다루어보는 것이 좋다. 점차 스토어가 성장하고 정착하는 추이가 보이면 그때 가장 좋은 판매 실적을 나타내는 하나의 카테고리를 메인으로 잡아 이에 집중하며 '백화점'에서 '전문점'으로 전환한다. 메인 카테고리는 판매 수량, 매출액, 긍정적 후기, 공급업체와의 관계, 상품 수급의 안정성 등 여러 요소로 판단한다. 이때 핵심은 '내 스토어의 소비자가 선호하는 상품과 카테고리'로 정한다는 것이다. 그렇다고 다른 카테고리의 상품을 전부 내릴 필요는 없다. 차차 줄여나가는 방식으로 전문성을 강화하자.

만약 위의 예시처럼 급작스럽게 상황이 변해 메인 카테고리의 시장이 위축될 경우 빠르게 다른 카테고리로 피버팅Pivoting*해야 한다. 그래서 메인이 아니더라도 서브 카테고리 역시 끈을 놓지 말고 최소한으로 유지하는 전략이 필요하다. 다른 카테고리로 전환한 후에도 상품을 수월하게 판매할 수 있는 이유는 판매 초반에 하나의 카테고리를 특정하지 않고 다양한 카테고리의 상품을 다루어봤던 경험이 있기 때문이다.

상품 목록 리스트업하기

나에게 익숙한 쇼핑몰에서 아이템 찾기

소싱의 큰 틀이 잡혔다면 이제 이곳저곳을 통해 내가 판매할 상품을 알아보고 시장 조사를 해가며 상품들을 리스트업할 차례다. 상품은 어떤 경로로 찾아봐야 할까? 무척 광범위하지만 최근 모든 산업이 비대면으로 전환되어 가는 추세이므로 온라인만 가볍게 살펴보자.

온라인에서는 대분류, 중분류, 소분류까지 카테고리가 잘 정리되어 있고 알맞게 상품이 진열되어 있는 쇼핑몰을 활용해보자. 쇼핑몰의 카테고리는 소비자의 니즈에 맞춰 십수 년간 수정과 보완 과정을 거치다 보니 꽤 완성도가 높다. 예를 들어 낚시 용품이라면 스포

* 기존 사업 아이템을 바탕으로 사업의 방향을 다른 쪽으로 전환하는 것을 말한다.

츠 레저(대분류) - 아웃도어(중분류) - 낚시용품(소분류)으로 구성된 카테고리에서 원하는 상품들을 찾아볼 수 있다. 온라인 쇼핑몰은 고객층에 따라 카테고리별로 인기가 다르기에 구성을 표준화할 수는 없다. 그러나 비슷한 수준이므로 평소 즐겨 찾는 쇼핑몰 한 곳에서 상품을 찾아보자. 일반 쇼핑몰의 경우 카테고리를 타고 들어가면 종합몰은 MD의 큐레이션과 광고에 의해, 오픈마켓은 키워드와 배너 광고에 의해 '추천 기획전', '필수템', '시선집중' 등의 특정 코너명으로 묶인 상품들이 함께 노출된다. 반면 네이버 쇼핑의 카테고리 화면에는 오로지 상품만 노출되므로 일반 쇼핑몰에서보다 좀 더 수월하게 원하는 상품을 찾아볼 수 있다. 네이버 쇼핑의 장점 중 하나는 가격 비교가 수월하다는 점이다. 사용자는 '네이버 랭킹순', '낮은 가격순', '높은 가격순', '등록일순', '리뷰 많은 순' 중에서 선택해 상품을 정렬할 수 있다. 기본 세팅은 '네이버 랭킹순'이며 최상단에 약 3개의 유기적 광고에 의한 상품이 고정적으로 노출되고 아래부터는 판매지수가 높은 순으로 나열된다. 참고로 나는 상품을 소싱할 때든 쇼핑을 할 때든 '리뷰 많은 순'으로 정렬해서 구매한다.

이 밖에도 특정 카테고리만 판매하는 전문 몰, 신박한 아이디어 상품을 빠르게 접할 수 있는 펀딩 사이트, 많은 기업이 홍보 마케팅 수단으로 제품의 콘텐츠를 올리는 SNS 등도 참고하면 좋다.

소비자의 검색 키워드 활용하기
소비자들의 검색 키워드 추세를 지수화·도표화해 이를 실시간으로 제공하는 빅데이터 기반의 서비스를 이용하여 아이템을 보다 전략적으로 찾아볼 수 있다. 내가 추천하는 플랫폼은 구글 트렌드, 네이버 데이터랩, 아이템스카우트다. 이 플랫폼들은 검색량을 주요 지표로 제공하는데, 검색량이 판매량이나 매출과 비례하지 않을 수 있다는 데 주의해야 한다. 판매자 수에 비해 전체 매출은 적은 '치열하기만 한' 경우가 있다는 점도 알아두자.

구글 트렌드는 표준 웹 검색을 통해 현재 소비자가 어떤 키워드를 검색하고 그들 사이에서 어떤 주제가 화제인지 확인할 수 있다. 특정 키워드의 전반적인 인기도를 확인할 수 있으며, 특정 기간 동안 인기가 상승하거나 하락하고 있는 추이도 확인할 수 있다. 구글 트렌드의 카테고리 기능을 통해 '쇼핑' 카테고리에서 급상승하거나 인기 있는 주제와 키워드를 찾아볼 수 있다. 또한 시즌별·계절별 패턴을 미리 확인하여 아이템을 찾아볼 수도 있다. 예를 들어 '김장'이라는 키워드를 전년도 기간으로 설정해 검색했을 때 검색량이 많은 기간을 확인할 수 있으며, 김장과 관련된 식재료나 용품 등의 아이템을 발굴하는 데 활용할 수 있다.

네이버 데이터랩은 네이버를 통해 인기 검색어와 트렌드를 확인할 수 있다. 데이터랩의 '검색어 트렌드' 탭을 통해 특정 키워드를 입력하고, 기간과 범위(모바일 혹은 PC)를 지정하고, 성별과 연령 선택을 한 후에 네이버 통합검색에서 특정 키워드가 얼마나 많이 검색되었는지 확인해볼 수 있다. 또한 '쇼핑인사이트' 탭은 아이템 찾기에 큰 도움이 된다. 분야별 통계로 패션의류, 패션잡화, 화장품/미용, 디지털/가

네이버 데이터랩의 '쇼핑인사이트' 탭에서 특정 키워드를 검색한 예

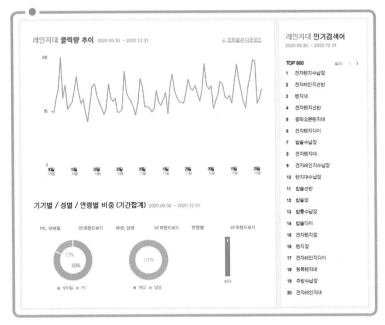

*출처: 네이버 데이터랩

전, 식품 등의 1분류를 선택한 후 2분류와 3분류까지의 세 분류 카테고리를 선택할 수 있다. 기간을 설정하고 기기별/성별/연령별 조회조건을 설정하면 클릭량 추이, 기기별/성별/연령별 비중, 인기검색어 TOP 500까지의 결과를 볼 수 있다.

검색어 통계에서도 동일한 조건값으로 설정하고 '특정 검색어'를 단수 또는 복수로 입력해서 비교할 수 있다. 가령 '식품' 카테고리를 선택한 후에 '삼겹살'과 '꽃등심'을 검색했을 때 각각의 클릭 수를 표로 비교해볼 수 있기에 찾으려는 상품의 경쟁 또는 유사 상품의 인기

네이버 데이터랩의 '쇼핑인사이트〉검색어 통계' 탭에서 복수 키워드로 비교한 예

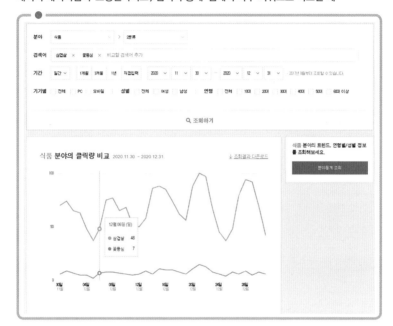

*출처: 네이버 데이터랩

도도 가늠해볼 수 있다.

아이템스카우트는 "셀러의 안목에 데이터를 더하다"라는 캐치프레이즈로 셀러 사이에서 입소문을 타고 있는 플랫폼이다. 네이버에서 제공하는 데이터들을 조합해서 제공하므로 특정 상품이 잘 판매되고 있는지, 경쟁은 치열한지 등을 확인할 수 있는 플랫폼이다.

플랫폼의 좌측 메뉴에서 '아이템 발굴'을 클릭하면 상품 카테고리, 기간, 성별, 연령, 신규 키워드의 조건, 총 검색수와 상품 수 등의 조건을 설정할 수 있다. 특히 '한 달 전에 없던'과 '1년 전과 같은 기간

아이템스카우트의 '아이템 발굴'을 통해 카테고리별 키워드를 조회한 예

생활/건강 · 2차 분류

기간: 최근 30일 · 직접 입력 · 2020-11 ~ 2020-11 · 적용하기

생활/건강 주제별 최근 30일
주제별 키워드를 통해 빠르게 아이디어 얻어보세요 알아보기

주제 추가하기 · 20개씩 보기

신규 키워드 (1달전 별던)

☆ 키워드	경쟁	검색수	경쟁강도
눌면피하니달력	29	138,300	
폴행다이어리꾸미기	48	52,370	0.01
2021백월이달력	78	31,220	0.98
스노우체인	88	65,400	4.3
크리스마스트리롤세트	98	46,940	2.12
크리스마스카드만들기	108	84,900	0.59
크리스마스머리띠	112	49,640	1.87
미니크리스마스트리	124	30,670	4.09
차량용테이블	151	34,410	2.05
세탁기세제	153	260	352.35
크리스마스포장지	156	51,590	0.31
차량용자동거치대	172	170	434.81
자세교정밴드	177	20,080	3.57
벽걸이달력	178	20,790	2.96
바이킨테어볼슐	183	25,340	

급상승 키워드 (1달전 대비)

☆ 키워드	경쟁	랭킹변화	검색수	경쟁강도
탁상달력	83	▲ 384	45,400	2.69
2021달력	152	▲ 284	132,600	1.22
점프스타터	186	▲ 277	34,000	1.56
크리스마스카드	32	▲ 276	284,900	0.57
고플펜잔	68	▲ 272	51,020	1.62
성인컵이식육즈	70	▲ 268	74,010	0.38
크리스마스미니트리	52	▲ 266	47,100	2.66
페이스쉴드	137	▲ 263	76,300	0.35
크리스마스풍선	16	▲ 262	169,800	0.46
커트러리	121	▲ 226	61,720	4.91
코웰스누피	275	▲ 222	23,280	0.13
우유거품기	211	▲ 211	73,000	1.06
2021년탁상달력	22	▲ 205	88,400	0.15
그룬	249	▲ 202	51,810	90.84
코스타노바	291	▲ 199	30,310	1.17

비교 시 없던'과 같은 신규 키워드를 보여줌으로써 급상승하고 있는 상품이나 관련 키워드를 찾는 데 매우 유용하게 활용할 수 있다. 아래에는 설정한 카테고리의 인기 키워드 TOP 500을 보여준다. 여기에서는 총 검색수, 상품 수, 경쟁 강도, 광고 클릭 수, 광고 클릭 경쟁률 등의 지표를 보기 쉽게 정리해 보여준다.

조회된 특정 키워드를 클릭하면 좀 더 자세하게 해당 상품을 살펴볼 수 있다. 예를 들어 '크리스마스트리'를 클릭해보면 전체 상품 수

아이템스카우트의 카테고리 인기 키워드 TOP 500 조회 화면

생활/건강 인기 키워드 Top 500 최근 30일

브랜드 제거 필터

순위	키워드	대표 카테고리	총 검색수	상품수	경쟁강도	평균 광고클릭수	광고 클릭 경쟁률	클릭대비 광고비
1	크리스마스트리	데코용품	1,134,800	1,502,493	아주좋음 1.32	23,918.8	나쁨 62.82	아주좋음 0.03
2	kf94마스크	먼지차단마스크	878,900	234,728	아주좋음 0.27	24,857.9	아주좋음 5.44	아주좋음 0.00
3	다이어리	다이어리	380,400	10,338,232	나쁨 27.18	3,458.3	아주나쁨 2,989.40	아주좋음 0.38
4	비데	전자식비데	125,300	285,300	좋음 2.28	1,335.5	아주나쁨 213.63	아주좋음 7.60
5	식기세척기세제	식기세척기전용세제	61,290	83,093	아주좋음 1.36	81.5	아주나쁨 1,019.56	아주나쁨 38.9%
6	마스크	귀걸이마스크	547,600	5,298,210	보통 9.68	8,134.2	아주나쁨 651.35	아주좋음 0.29
7	스타벅스텀블러	텀블러	356,900	62,936	아주좋음 0.18	2,854.4	보통 22.06	아주좋음 0.26
8	2021다이어리	다이어리	214,800	433,382	좋음 2.02	447.9	아주나쁨 967.59	아주나쁨 4.31

*출처: 아이템스카우트

와 한 달 검색수를 기본으로 하여 전체 쇼핑몰 또는 네이버페이 각각의 매출액, 판매량, 평균 가격까지 보여준다. 경쟁 종합지표의 경쟁 강도와 실거래상품 비율, 묶음상품 비율, 해외상품 비율, 1년 내 게시 비율까지 세세한 지표를 제공한다. 또한 연관 키워드를 통해 연관 아이템을 찾는 데도 도움을 받을 수 있다. 이뿐만 아니라 기간을 설정하여 검색 트렌드, 클릭 트렌드, 기기별/성별/연령별 전체 추이를 확인할 수 있으며 상품 목록, 상품 키워드 분석 등 다양한 항목을 조회해볼 수 있다. 강력하면서도 자세한 조회가 가능한 아이템스카우트는 구글 트렌드, 네이버 데이터랩의 고급 버전이라고 할 수 있다. 이를 적극 활용하면 아이템 찾기가 훨씬 쉽다.

아이템스카우트의 '아이템 발굴'을 통해 특정 키워드를 조회한 예

| 개요 | 상품 목록 | 상품 키워드 분석 | 연관 검색어 |

크리스마스트리
네이버 네이버 쇼핑 쿠팡 1688 Alibaba TaoBao
생활/건강 문구/사무용품 이벤트/파티용품 파모용품 (100%)

상품수	1,502,390 개	전체	6개월 매출	24 억원	6개월 판매량	107,941 개	평균 가격 22,100 원
한 달 검색수	1,134,800 회	pay	6개월 매출	24 억원	6개월 판매량	110,314 개	평균 가격 22,200 원
검색 비율	모바일 87% PC 17%						

연관 키워드

키워드	검색량	상품수
고급크리스마스...	3,040	30,241
크리스마스트리	45,230	96,582
크리스마스트리...	38,250	256,065
대형크리스마스...	4,530	73,176
크리스마스트리...	13,060	137,333
현수막제작	17,130	61,961
크리스마스 트리	57,630	1,250,798
크리스마스 트리...	12,180	127,792
크리스마스 벽트리	177,100	98,239
크리스마스벽트리	142,200	79,074
미니크리스마스...	29,460	123,892
크리스마스트리...	69,540	841,838
크리스마스트리	32,400	214,568
크리스마스미니...	45,130	123,892

좋음 경쟁 종합 지표
경쟁강도 1.32 아주좋음 (상품수 1,502,390개 ÷ 검색수 1,134,800회) / 실거래상품 비율 95% 아주좋음 / 무음상품 비율 3% 아주좋음 / 해외상품 비율 0% 아주좋음 / 1년 내 게시 비율 43% 보통 (1개월 5%, 6개월 43%)

좋음 광고 효율 지표
광고클릭률 1.86% (PC 1.26% MOBILE 1.95%) / 클릭경쟁률 62.81 나쁨 (상품수 1,502,390개 ÷ 클릭수 23,919회) / 가격대비 광고비 0.020 아주좋음 (광고비 440원 ÷ 평균가 22,092원) / 클릭대비 광고비 0.02 아주좋음 (광고비 440원 ÷ 클릭수 23,919회)

아주좋음 쇼핑키워드 지표

PC 섹션	1페	쇼핑	VIEW	이미지	지식백과	뉴스	지식iN	웹문서	
모바일 섹션	1페	쇼핑	VIEW	이미지	지식백과	뉴스	웹문서	책	
PC 탭	3페	통합	이미지	쇼핑	VIEW	어학사전	뉴스	동영상	지식iN
모바일 탭	3페	통합검색	이미지	쇼핑	VIEW	어학사전	뉴스	동영상	지식iN

*출처: 아이템스카우트

발굴한 상품을 리스트로 만들기

판매할 상품을 찾았다면 이제 목록을 문서화해야 한다. 물론 수첩이나 노트에 직접 기재할 수도 있으나 생각보다 많은 정보가 들어가다 보니 가급적 문서 프로그램을 활용해 정리하는 것을 권한다. 소싱 리스트를 정리할 때는 판매 가격, 수량 등 숫자를 많이 다루어야 하므로 텍스트 입력 형태의 아래한글이나 워드 같은 프로그램보다는 엑셀이 적합하다. 다음은 내가 관리하는 소싱 리스트를 기준으로 했을 때 넣을 기본 항목들이다.

소싱 리스트 파일의 예

NO	진행여부	카테고리	관계	업체명	상품	담당자	담당 연락처	친척 연락처	이메일	주소	상품URL	진행 및 참고사항	친척참고처
1													
2													
3													
4													
5													
6											http://tempao r/detailview.as		
7													
8				110년의 세계적 기술을 자랑하는 카메라 티몬단독행							http://www.tic kr/deal/62231		
9													
10													
11													
12											http://minisho r/dadam1		
13											http://tempag r/DetailView.as		
14				구피/팬디/발버리/아크제이롭스/채애에 이여스(차량용품)/찬로식품/신월/용년/뷸									

*출처: (주)커션콘텐츠핫

- 카테고리 / 상품명 / 상품 URL
- 발굴 경로 / 업체명 / 업체 분류
- 제안 경로, 방법 / 제안 현황

물론 더 세부적으로 항목을 추가할 수도 있지만 항목이 많으면 많을수록 점차 일을 위한 일의 양이 늘어나게 된다. 이 단계에서 지치면 갈수록 리스트 정리 작업에 소홀해지기 마련이다. 꼭 필요하다고 생각하는 항목으로 구성해 업무의 효율을 높이는 것이 좋다. 이 항목들 중 몇 항목만 자세한 설명을 곁들이면 이렇다.

발굴 경로

소싱 리스트에 추가한 상품을 어떤 경로로 찾았는지 나타내준다. 지인 소개, G마켓, 네이버 쇼핑, 가전박람회, 이마트, 인스타그램 식으로 기재한다. 이 항목은 필수가 아닌 선택이다. 나는 계속 반복되는 상품 찾기의 효율을 높이기 위해 소싱 성공률이 높은 경로를 파악해 주요 발굴 경로로 삼는 방식으로 활용했다. 내 경험에 비춰보면 지인 소개로 쉽게 얻은 상품은 대부분 결말이 좋지 않았다.

업체 분류

단순히 대기업, 중소기업 등의 규모에 따른 분류가 아니다. 여기에는 제조업체, 본사, 브랜드사, 수입사 개념의 '원청'과 전체 온라인 쇼핑몰에서의 판매 권한을 가진 '총판', 그리고 해당 브랜드 상품을 일부 쇼핑몰에서 판매하거나 전체 쇼핑몰에서 브랜드 상품 중 일부를 판매하는 '유통사' 정도로 분류해서 기재한다.

이 분류에 따라 공급거래를 제안하는 방법이 달라질 수 있다. 예를 들어 소싱하려는 업체가 어느 정도 규모가 있는 본사라면 마케팅 부서, 영업부서, 고객센터 등 여러 부서로 나뉘어 있을 테고, 영업부서 담당자의 연락처(유선전화, 휴대폰, 이메일)를 알 수 없는 경우라면 우선 고객센터에 연락해서 영업부서로 연결을 요청하는 방식으로 접근해볼 수 있다. 또한 업체가 유통사일 경우 대표자가 모든 업무를 수행하는 1인 기업일 수도 있고 많은 직원을 거느린 강소기업big vendor일 수도 있으므로 이에 맞는 방식으로 공급거래를 제안해야 한다.

제안 현황

이 항목은 최대한 자세하게 기재한다. 서술형으로 나열해도 괜찮다. 예를 들어 '12.18.(금) 제안 이메일 보내고 통화로 다음주 중 연락 주기로 함', '12.28.(월) 지난주 연락이 안 와서 전화해볼 예정'처럼 자세하게 적는 것을 권한다. 일기도 아닌데 이렇게까지 적어야 하나, 의문이 들 수도 있겠지만 소싱을 제안할 상품은 많고 우리의 기억력에는 한계가 있다. 제안을 받는 이들 또한 나뿐만 아니라 수많은 신규 판매자의 연락을 받고 검토한 후 선택하는 일을 반복한다. 결정적으로 우리는 부탁을 해야 하는 처지이기에 상대가 기억하지 못하는 내용과 약속들을 상기시켜주어야 한다. 꼼꼼히 기재하고 집요하게 파고들어도 될까 말까 한 소싱은 보통 주고받은 대화와 자료를 기본으로 진행하게 된다.

상품은 어디에서 어떻게 공급받을까?

공급업체와 1:1 영업을 통해 공급받는 전통적인 방식이 아니라 좀 더 수월하게 공급받을 수 있는 방법들을 소개하려고 한다.

첫 번째, 도매 사이트를 통한 상품 소싱

소매업자인 판매자는 도매업자인 도매 사이트에서 상품을 공급받을 수 있다. 또한 도매업자가 제작한 상세페이지를 제공받을 수 있어 별도로 제작하지 않아도 되고 재고에 대한 부담이 없어 많은 초보 판매자가 쉽게 접근할 수 있는 방법이다. 이커머스와 함께 성장한 도매 사이트는 특정 기관이나 기업의 창립기념일 등 임직원에게 회사 로고를 새긴 기념품이나 선물용 상품을 대량으로 납품하던 판촉 업체에 뿌리를 둔 경우가 많다. 대개는 상품에서 하자가 발견되었을 때 강한 클레임이 발생하지만 기업에서 무료로 주는 기념품은 상품에 하자가 있어도 미온적으로 반응한다. 이러한 특성을 악용하는 일부 납품 업체가 있어 판촉 상품은 품질이 조악하다는 인식이 깔려 있다는 점을 알아두자.

대표적인 도매 사이트로 도매꾹, 오너클랜, 도매토피아 등이 있다. 온라인 쇼핑몰에서 잘 팔릴 만한 상품부터 소위 '짜친' 상품까지, 사이트별로 수만에서 수십만 개가 있다. 판매자는 압도적인 품목 수에 혹할 수도 있는데 여기서 주의할 점은 바로 도매로 공급받는 가격이다. 간혹 도매가가 판매가보다 비싼 상품이 있다.

도매 사이트를 활용하는 가장 좋은 방법은, 우선 아이템을 선정한 후에 소량으로 위탁판매를 한다. 그리고 공급업체에서 재고 부족 문제가 발생하지 않고 온라인상에서 최저가 관리가 일정하게 지속되면 별도의 협의를 통해 기존보다 경쟁력 있는 가격의 상품을 안정적으로 공급받는다.

두 번째, 오프라인 도매시장을 통한 상품 소싱

대표 도매시장으로는 동대문 지역을 중심으로 한 동대문시장, 동대문신발도매상가, 제일평화시장 등이 있다. 주요 품목으로는 의류,

신발, 잡화, 액세서리 등 주로 패션 상품이 많은 편이다. 동대문 도매 시장이 성장하고 도매와 소매를 병행하는 도매업체들이 이커머스 시장으로 진출하면서 사실상 도매와 소매의 경계가 많이 사라졌다.

패션 상품의 경우 유명 브랜드 상품이 아닌 이상 온라인상에서 가격을 비교하는 것은 쉽지 않다. 그렇기 때문에 도매로 소량 사입을 한다 해도 판매가격이 더 낮은 상품을 온라인 쇼핑몰에서 종종 발견할 수 있다. 물론 대부분 소매가보다 도매가가 낮은 것은 사실이지만 이 둘의 경계가 흐려지면서 판매자가 차익을 많이 남기지 못하는 경우가 많다. 또한 한 장 단위의 소량 구매도 가능하나 이 경우에는 자체 배송 시스템을 갖추어야 한다는 부담이 존재한다.

세 번째, 판매자 커뮤니티를 통한 상품 소싱

대표적인 이커머스 커뮤니티는 카페를 기반으로 운영되고 있으며 셀러오션, 온라인유통센터, 유통과학연구회 등이 있다. 특히 셀러오션은 57만여 명의 회원을 보유하고 있는 대형 커뮤니티로 상품을 소싱하려는 판매자와 이들에게 상품을 공급하려는 제조사, 총판사, 유통사 등의 그룹으로 나뉜다. 도매업체와 상품, 도매 위탁 업체 정보, 도매 위탁 공장 찾기 등의 게시판을 통해 원하는 상품을 소싱할 수 있다.

이러한 커뮤니티를 통해 상품 소싱이 가능하지만 '기본 조건'으로 공급받는 경우가 대부분이다. 기본 조건이 아닌 '특별 조건'으로 공급받는 노하우는 다음 '제안하기'와 '추가 제안하기'를 통해 자세하게 설

판매자 커뮤니티 중 하나인 셀러오션

*출처: 셀러오션

명하려고 한다.

공급업체 제안 영업 노하우

소싱 리스트가 어느 정도 채워졌다면 본격적으로 상품을 구매해야 한다. 분명 힘들고 때로는 서러운 순간도 있을 테지만 벌써부터 힘이 빠져서는 안 된다. 우리는 아직 라이브 커머스를 개시도 하지 못했다. 갈 길이 멀다. 힘내자.

전시회, 박람회 영업

공급업체와 1:1로 제안·영업하기 이전에 신규 판매자에게 매우 유용한 영업 방법을 소개하자면, 상품 전시회와 박람회의 활용이다. 코엑스, 킨텍스, 세텍 등에서 연중으로 산업별·분야별로 수많은 전시회와 박람회가 개최된다. 예를 들어 IT 가전제품 등을 취급하는 판매자에게는 KITASKorea Smart Device Trade Show*와 같은 박람회를 추천하고, 생활용품이나 리빙 용품 판매자에게는 메가쇼와 같은 박람회를 추천한다.

박람회는 사전 등록을 통해 무료입장이나 할인 등의 혜택을 받을 수 있다. 사전 등록 후 박람회 홈페이지에서 부스 배치도를 확인하고 방문할 업체와 상품 정보를 파악하여 방문일과 동선을 잡아두는 것이 좋다.

방문은 언제 하는 것이 좋을까? 보통 박람회는 3~4일 정도 운영된다. 화요일부터 목요일까지 진행되는 박람회도 있고 인기 있는 박람회는 주말을 걸쳐 목요일부터 일요일까지 진행되기도 한다. 이 경우에는 목요일 혹은 금요일에 방문하는 것을 추천한다. 주말에 방문할 경우 여기가 박람회장인지 시장통인지 구분이 안 될 만큼 많은 인파가 몰려서 제대로 둘러보지 못할 수도 있기 때문이다.

제품을 소개하는 박람회지만 대부분 현장에서 제품을 판매한다. 물론 파격적이지는 않지만 '현장 판매 특가', '전시품 특가' 같은 프로

---

* 2012년부터 개최하고 있는 스마트 디바이스 및 IT 액세서리 전문 전시회.

모션으로 온라인 최저가보다 저렴하게 판매하곤 한다. 이를 아는 소비자들은 주말에 박람회에 참가해서 '득템'을 하기도 한다. 그러다 보니 주말의 이런 난장판 속에서 공급업체를 찾아 차분하게 상담하는 것은 거의 불가능하다.

하루 정도 날을 잡아 동선을 따라서 쭉 돌며 상담을 이어가자. 사전에 해당 업체의 담당자와 연락해서 상담 일정을 잡아놓는 것도 좋다. 박람회 첫째 날과 둘째 날은 평일이어서 소비자는 많지 않고 바이어가 대부분이다. 부스를 방문해 명함을 주고받은 다음 공급업체의 회사 소개를 듣고 상품의 실물을 함께 살펴보는 시간을 가진 뒤 판매자는 준비해온 자료를 보여주는 식으로 미팅을 진행한다. 전시회나 박람회는 더없이 좋은 소싱의 장이므로 적극 활용하자.

공급업체 1:1 영업

업체와 1:1로 영업해서 상품을 공급받는 데는 정답이 없기 때문에 쉬울 수도 있고 어려울 수도 있다. 제안부터 계약까지 모두 영업으로 시작해서 영업으로 끝난다. 때론 당차게, 때론 유연하게 상대를 설득해서 계약을 따내야 한다. 여기서 공급업체 접촉 방법부터 제안 미팅까지의 과정을 하나씩 살펴보자.

제안하기

소싱하려는 업체에 이메일이나 전화로 제안을 할 수 있다. 아마 대부분 온라인에서 정보를 수집할 것이다. 이렇게 수백 업체의 정보를 모으는 경우도 있는데, 이때 흔히 겪는 시행착오가 전체 업체를 대상으로 이메일을 보내는 것이다. 일일이 전화 통화를 하는 것보다 손쉽게 이메일을 보내는 것이 물론 더 효율적일 수는 있으나 그 메일을 받는 업체로서는 '(광고)'로 시작하는 제목의 스팸 메일에 지나지 않을 것이다. 아무리 매력적인 제안이라 해도 읽기 전에 차단당한다면 무슨 의미가 있겠는가?

우선 해당 업체 담당자의 이메일 주소만 알고 있는 경우라면 제안 메일을 보내고 기다리는 것 외엔 방법이 없다. 인내하며 기다리자. 다른 방법이 있다면 해당 업체가 운영하는 인스타그램, 페이스북, 블로그, 유튜브 등의 채널로 가서 모두 볼 수 있는 창구에 댓글을 다는 것이다. 물론 이때도 매너는 기본이다. 제안 이메일을 보낸 후에 '검토 부탁드린다'라는 내용의 댓글을 달면 된다.

이메일 주소와 연락처를 모두 알고 있는 경우라면 제안 메일을 보낸 뒤 문자로 메시지를 보낸다.

"안녕하세요. 방금 담당자 님의 이메일로 라이브 커머스 판매 제안서를 보내드렸습니다. 여유 있을 때 확인해주시고 긍정적으로 검토해주시길 부탁드립니다. 감사합니다."

또한 전시회에서 정식으로 상담한 게 아니라 명함만 받아온 경우, 지인에게 연락처만 받은 경우, 여차여차해서 담당자의 휴대폰 번호를 알게 된 경우 등 다양한 경로를 통해 연락처를 알게 되었다고 해서 무턱대고 전화부터 걸어서는 안 된다.

"안녕하세요, 저는 라이브 커머스로 상품을 판매하는 A 업체 담당자 B 과장입니다. 귀사의 ○○ 상품을 라이브 커머스를 통해 판매하고 싶습니다."

"네, 근데 제 연락처는 어떻게 아셨어요?"

제안받는 측의 담당자는 자신의 연락처를 알게 된 경위에 더 높은 관심을 보일 수 있다. 거래가 성사되는 데 출처가 딱히 영향을 주는 것도 아닌데 말이다. 이때는 '내가 쉽게 연락처 뿌리고 다니는 사람이 아닌데 어떻게 알고 이렇게 막무가내로 전화한 거지?' 정도로 해석하거나 제안하고 부탁해야 하는 약자 입장에 대한 상대방의 기선 제압 정도로 알면 될 것 같다.

영세한 업체든 대기업이든 모두 사람이 하는 일이다. 상대의 마음을 움직이기 위한 최소의 조건은 바로 정중한 매너라는 점을 잊지 말아야 한다.

추가 제안하기

앞서 얘기한 방법보다 더욱 확실한 방법을 고민하고 있다면 '회사 소개서'를 만들어보자. 우선 판매자의 회사 소개, 라이브 커머스의 비전, 방송 이력과 퍼포먼스 등이 담긴 소개서를 작성한다. 이때 PPT를 이용해 작업하고 이를 PDF로 변환하는 것을 권한다. 이렇게 하면 모든 업체에 즉각 전달할 수 있는 범용 소개서가 만들어진다. 그리고 소개서를 보낼 때 이메일의 제목과 본문의 내용도 점검해야 한다.

'○○○(상품명) 매출 100퍼센트 성장 목표 홈쇼핑 방송 제안'

위 제목의 핵심은 해당 상품을 특정했다는 것이다. 제안받는 업체

라이브 커머스 사업 분야 소개서 예시

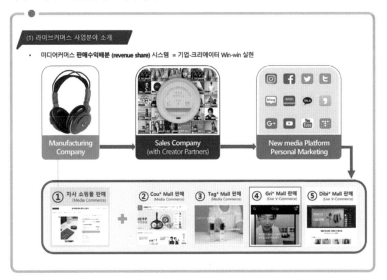

(1) 라이브커머스 사업분야 소개

· 미디어커머스 **판매수익배분 (revenue share)** 시스템 = 기업-크리에이터 Win-win 실현

Manufacturing Company → Sales Company (with Creator Partners) → New media Platform Personal Marketing

① 자사 쇼핑몰 판매 (Media Commerce) ② Cou* Mall 판매 (Media Commerce) ③ Tag* Mall 판매 (Media Commerce) ④ Gri* Mall 판매 (Live V-Commerce) ⑤ Dibi* Mall 판매 (Live V-Commerce)

*출처: (주)커션콘텐츠핫

로써는 '자신의 업체를 특별히 선택해 제안한 것'과 '모두에게 제안하면서 우리에게도 보내본 것'에 큰 차이를 느낄 수 있다. 그래서 맨 앞에 해당 업체의 특정 상품명을 노출해서 흥미를 유발하고 메일을 열었을 때 첫 시작부터 '평소에 귀사의 상품을 즐겨 애용한다' 또는 '○○상품을 취급하는 여러 브랜드 중에 귀사의 상품이 품질과 만족도 면에서 최고라고 생각한다. 우리에게 귀사의 상품을 라이브 커머스에서 판매할 기회를 준다면'과 같은 달달한 내용을 넣어주는 것이 좋다. 수도 없이 받을 광고와 제안 메일 중에서 '이 판매자는 우리 업체에 관심이 많고 사전에 조사를 할 정도로 성의가 있구나'라고 느끼게 해주는 것이 중요하다.

정식 제안 미팅

판매자의 제안을 통해 미팅 일정이 잡히면 사전에 두 가지를 준비한다. 제안 단계에서보다 더 심층적으로 상품, 브랜드, 회사에 대한 정보를 파악하는 것과 비즈니스 매너다. 미팅까지 진행했음에도 계약이 성사되지 않았다면 대부분 이 두 가지를 제대로 준비하지 않았기 때문일 것이다.

이메일과 유선으로 소개서까지 검토한 후 미팅 일정을 잡았다는 것은 '이 정도면 계약해도 되겠다'라는 매우 긍정적인 메시지라고 볼 수 있다. 직접 대면했을 때 판매자가 업체 담당자만큼 풍부한 정보를 파악하고 있는 모습을 보여준다면 판매자에 대한 신뢰도가 상승할 수밖에 없다. 반면 사전 조사 없이 미팅에 임하는 경우 몇 마디만 주고받아도 바닥이 금방 드러나버린다. 이 경우 업체 담당자는 말이 번지르르했던 소개서나 제안 내용과는 다르게 허울뿐인 판매자로 생각할 것이다.

다른 한 가지는 비즈니스 매너다. 이는 여러 뜻을 품고 있는 용어다. 미팅에서 첫인상은 무척이나 중요하다. 타고난 외모 자체를 바꿀 수는 없지만 단정한 헤어스타일과 깔끔한 옷차림 등으로 상대에게 좋은 인상을 줄 수는 있다. 정장이 아니더라도 너무 캐주얼하지 않은 차림이라면 나쁘지 않다.

그리고 무엇보다 중요한 것은 바로 경청하는 자세다. 계약을 성사시키기 위해 연습하고 준비해온 말, 반박해서 바로잡고 싶은 말 등 하고 싶은 말이 많겠지만 일단 상대의 말을 경청하자. 그렇다고 입을 아예 닫고 있으라는 뜻은 아니다. 적절한 리액션으로 반응해주는 것도 좋은 대화법이다. 경청에는 상대의 발언을 존중한다는 의미도 있으나 비즈니스상 냉철하게 상대의 의중을 파악한다는 다소 의미심장한 전술이기도 하다. 상대가 발언할 기회를 주면 그때 준비해온 말들로 능숙하면서도 진정성 있게 화답하면 된다. 경청하면서 알아낸 상대가 원하는 답으로 가려운 부분을 긁어준다면 좋은 결과를 기대해볼 수 있다.

02 상품 준비하기

라이브 커머스는 온라인상에서 재화(제품, 상품) 또는 서비스를 판매한다는 점에서 이커머스와 결이 같다고 볼 수 있다. 다만 소비자 입장에서 보았을 때 이미지로 된 상세페이지를 보고 사느냐 아니면 실시간으로 판매자가 상품을 설명해주는 라이브 방송을 보며 사느냐의 차이가 있다.

또한 상품 정보 하단의 Q&A를 통해 질문하고 답을 받는지, 네이버 톡톡과 같은 1:1 채팅을 통해 상품 문의를 다소 여유 있게 받는지, 방송을 보면서 궁금한 점을 바로 물어보고 즉각 답을 받을 수 있는지의 '소통' 측면에서도 차이는 있다.

앞에서 말한 대로 라이브 커머스를 하기 위해 최우선으로 확보해야 하는 것은 '판매할 상품'이다. 이는 이커머스를 시작하려는 판매자에게도 최우선의 준비사항이다. 뛰어난 언변과 수려한 외모의 쇼호스트, 분위기 좋은 스튜디오, 온갖 소품과 POP, 카메라, 조명, 마이크 등의 고급 촬영 장비가 갖추어져 있다 한들 정작 판매할 상품이 없다면 라이브 커머스를 할 수 없지 않는가.

판매자는 다양한 경로를 통해 상품을 확보할 수 있다. 지인의 권유로 마련하기도 하고, 무작정 제조업체에 연락해서 상품을 공급해줄 것을 요청하기도 하고, 온라인 판매자에게 상품을 받는 2차 벤더(유통) 공급거래 형태로 계약을 하는 등 다양한 경로와 형태로 판매할 상품을 공급받는다.

국내에 공장을 직접 세워 상품을 생산하거나 외국 공장에서 OEM으로 제조하는 방식은 상품 기획, 디자인, 개발 등에 막대한 자본과 인력이 투입되며 높은 리스크를 안게 되므로 개인, 소상공인, 스타트업 등의 판매자에게는 적합하지 않다. '하이 리스크 하이 리턴high risk high return' 개념의 제조업과는 달리 위험을 최소화하고 낮지만 안정적인 이익을 추구하는 '로우 리스크 로우 리턴low risk low return' 개념의 유통업을 기반으로 시작해야 한다.

따라서 반드시 알아야 하는 공급거래 계약에 대해서 살펴보자. 판매자가 상품을 직접 준비하는 경우는 예외로 하고 위탁판매, 사입, 완사입으로 구분할 수 있다. 이때 예상 매출과 수량, 물품 대금 확보 정도 등 자신의 여건을 고려해 공급거래 계약을 체결하고 상품을 확보한다.

위탁판매

전자상거래에서 가장 보편적으로 이루어지는 공급거래 형태이며 유통업을 영위하는 다수의 판매자가 선택하는 방식이다. 위탁판매는 앞에서 언급한 '로우 리스크 로우 리턴' 개념에 가까워 이익률은 다소 낮지만 위험이 적고 안정적인 이익을 추구하는 판매자에게 알맞은 방식이다. 최소 발주 수량과 물류 배송 시스템 구축에 대한 걱정 없이 상품만 잘 판매하면 된다. 위탁판매의 협업 과정은 다음과 같다.

위탁판매 계약 → 공급가 협의 → 판매가 책정 → 상품 등록 → 방송 판매 → 주문 확인, 고객 CS → 주문서 송부 → 운송장 번호 입력

재고 무제한

위탁판매의 가장 큰 장점은 사실상 재고를 점검할 필요가 없다는 점이다. 물론 제조업체가 직접 판매하는 특정 쇼핑몰에서 쿠폰, 할인 이벤트, 기획전 행사 등으로 해당 품목이 급하게 품절될 수 있다는 위험도 있지만 이는 극히 일부의 경우이며 소량 판매로 시작하는 판매자에게는 그리 큰 피해로 작용하지 않는다.

라이브 커머스 사업으로 매입과 매출이 발생하자 한번은 나의 법인 사업체를 관리해주는 회계사무소에서 연락이 왔다.

"회계상 품목별 재고 수량이 얼마나 되나요?"

"위탁판매라 재고는 알 수 없습니다."

그러자 담당자가 당황해하는 기색이 느껴졌다. 그럴 만도 한 것이 보통 상거래는 판매할 상품을 들여와서 입고 수량을 체크하고(매입, 지출) 판매 후에 판매분을 차감한 재고 수량을 확인하는 것이(매출, 수입) 일반적이기 때문이다.

품목별 전체 재고 수량은 사실 크게 걱정할 필요가 없다. 다만 쇼핑몰 MD가 할인행사를 급하게 잡는 경우가 있는데 이는 대부분 부족한 매출을 채우기 위해서다. 또한 기획전 행사에 참여하기로 했던 판매자의 재고 부족으로 혹은 다른 쇼핑몰 행사에 참여하기 위해 펑크를 내는 경우가 있기 때문이다. 이렇게 상황이 긴박하게 돌아가는 가장 큰 요인은 매출 백업으로 볼 수 있다. 쇼핑몰 MD는 매출 목표를 연간, 반기, 분기, 월, 주 단위를 기본으로 사전에 책정하고 거의 일일 단위로 확인한다. 심하면 실시간으로 확인하며, 당일의 매출 실적에 따라 퇴근 시간이 결정되기도 한다. 목표는 목표일 뿐 매출은 항상 예상대로 나오는 것이 아니기 때문에 쇼핑몰 MD가 급하게 요청할 수밖에 없는 이유가 매출 백업에서 비롯된다고 볼 수 있다.

마치 전쟁터를 방불케 하는 이러한 긴박한 쇼핑몰 환경의 영향으로 그 여파가 오롯이 판매자에게 전가된다. 이러한 사이클 때문에 급하게 재고가 소진되어 수급에 어려움을 토로하는 제조업체가 상당히 많다. 따라서 위탁판매로 진행할 경우 재고가 부족한 상황이 발생했을 때 어떻게 대처할지 미리 대안을 마련해두어야 한다.

물류와 배송 시스템 구축에 대한 부담 완화

위탁판매의 경우에는 제조업체가 알아서 택배를 보내주므로 판매자는 물류와 배송 시스템 구축에 신경 쓰지 않아도 된다. 위탁판매자는 당일 오전의 주문 수량을 확인한 뒤 제조업체에 주문서를 보냄으로써 오전 발주 업무를 마무리한다.

배송, 품질, 사용법 등의 1:1 문의를 확인해 답변하고 일부 요청은 주문서에 반영하는 식의 업무만 진행하면 되므로 발주 업무에 대한 부담은 매우 적은 편이라고 할 수 있다.

오전에 주문서를 보내면 보통 오후 중에 제조업체로부터 상품을 발송한 택배 운송장 정보가 담긴 파일을 받는다. 위탁판매자는 해당 쇼핑몰에 운송장 번호를 직접 입력하거나 수량이 많을 경우에는 일괄 업로드 양식으로 입력할 수 있다. 여기까지 하면 일일 배송 업무가 완료된다.

이런 장점들 때문에 많은 판매자가 위탁판매를 선호한다. 반면 제조업체는 매출을 확장하기 위해 판매자를 잘 선정하는 것이 기회비용 측면에서 매우 중요하므로 신중할 수밖에 없다. 이러한 이유로 판매자들은 수많은 제조업체에 제안하고 거절당하는 상황을 반복해서 겪게 되는 것이 일반적이다.

판로 한정 및 가격 유지

거래 관계에서 위탁판매자는 제조업체보다 상대적으로 약자에 속한다. 이러다 보니 아쉬운 편에 속하는 판매자는 항상 제조업체의 눈치를 볼 수밖에 없고, 이렇다 할 매출이 없는 경우 더 절절 맬 수밖에 없다.

이런 상황을 개선하려면 제조업체는 판매자에게 특정 쇼핑몰에서만 판매하게끔 한정해주고 판매자는 판매가를 유지해야 한다. 다수의 유통 판매자와 나눠서 온라인 판매를 하는 제조업체의 경우 모두와 합의된 기준 판매가에 매우 민감하다. 만약 이를 어기고 이보다 낮은 가격에 판매하는 것이 적발될 경우 강한 경고 또는 거래 중단이라는 특단의 조치가 내려질 수도 있다.

사입

'반사입'이라고도 불리는 사입은 판매자 입장에서 뒤에 나올 완사입보다 좀 더 유연한 조건으로 공급거래를 체결하는 방식이다. 사입은 완사입과 마찬가지로 판매자 측의 사업장이나 3자 물류지로 입고할 것인지, 제조업체 자체 배송 시스템을 이용할 것인지 등을 제조업체와 협의할 수 있다는 점에서 유사하다. 사입과 완사입의 차이는 '유연한 조건'으로 구분된다.

자유로운 MOQ 공급거래

최소 발주 수량minimum order quantity, MOQ이란 제품을 유통·판매하려는 판매자가 최초 주문 시에 의무적으로 주문해야 하는 최소 수량을 말한다. MOQ는 제조업체가 주도적으로 정하고 발주처(바이어, 판매자)와 협의를 한다. 사입은 MOQ로부터 완전히 자유로울 수는 없지만 유연한 협의를 통해 적정 수준의 수량으로 상품을 공급받을 수 있다. 사입 조건을 제시하는 제조업체는 온라인에서 자체 유통망을 통해 판매를 진행하고 있는 곳이 많다.

사입은 이미 제조업체가 판매하고 있는 상품을 파트너인 유통업체에도 판매하도록 해주는 개념이다. 이런 특성으로 제조업체가 종합몰, 오픈마켓에서 판매 중이라면 사입 판매자는 AK, SSG 등의 백화점몰에서만 판매할 수 있도록 판매 가능 쇼핑몰 범위를 한정하는 방식으로 공급거래 계약을 체결한다. 한정된 범위의 쇼핑몰에서 판매하는 경우 제조업체가 입점한 쇼핑몰에서 쿠폰 행사 등을 진행하면 가격 난매 현상이 일어날 수 있고, 이로 인해 판매자는 매출이 감소하거나 소비자가 클레임을 제기하는 상황이 발생할 수 있다는 단점이 있다.

적정 수량 주문에 따른 물품 대금 결제 부담의 완화

사입의 경우에는 완사입과 비교했을 때 적정 수량으로 주문하기 때문에 물품 대금의 부담이 줄어드는 장점이 있으며, 빨리 판매해 털어내야 하는 상품 재고 소진의 부담도 덜 수 있다. 사입을 통한 물품 대금은 유연한 협의를 통해 결제할 수 있다. 제조업체는 판매자의 회사 규모, 연혁, 재무제표, 신뢰도 등의 요소를 검토하여 공급거래 계약을 체결한다. 결제 조건의 협의는 매우 다양하며 100퍼센트 선금을 지급해줄 것을 원하는 곳도 있지만 50퍼센트씩 선금과 익월 잔금

결제를 해주기를 원하는 곳도 있다. 또 판매자와의 유대관계와 신뢰를 중요하게 생각하며 2차 예상 발주 시기에 맞춰 최대한의 잔금 여신을 주는 제조업체도 있다.

완사입

완사입은 제조업체(제조원 또는 판매원) 혹은 공장에서 이미 만들어지고 브랜드화된 제품을 MOQ에 맞춰 물품 대금을 지급한 후에 들여오는 방식을 말한다. 완사입의 강력한 장점은 특정 브랜드의 해당 품목을 MOQ로 주문하는 만큼 독점 판매할 권한을 가질 수 있다는 것이다. 다수의 쇼핑몰에 입점한 판매자라면 해당 품목을 모든 쇼핑몰에 등록하고 특가나 할인쿠폰 등의 행사를 하거나 대량 납품을 위해 쇼핑몰들의 상품 가격을 잡아두는 방식으로 전략적인 판매를 할 수 있다. 이러한 강력한 장점이 있지만 MOQ로 적지 않은 자금이 필요하기 때문에 유통업 기반의 온라인 판매자 입장에서는 쉽게 선택하기 어려운 공급거래 방식이다.

한 가지 더 고려할 사항은 바로 물류 시스템 구축이다. 내가 원하는 상품을 MOQ에 맞게 주문하고 물품 대금까지 치른 후 생산이 완료되었다면 이 상품을 어디로 들여올 것인가를 미리 생각하고 공간을 확보해야 한다. 제조업체 중에는 발주자가 합의된 양식의 주문서를 이메일이나 팩스로 보내면 택배 포장과 발송을 해주고 판매자에게 운송장 번호를 회신해주는 위탁 배송 시스템을 갖춘 곳들도 있다.

예전에는 전통적으로 상품 생산만 하는 제조업체가 대다수였지만 2000년대 중반에 이르러 전자상거래 시장이 성장하면서 생산한 상품을 온라인 쇼핑몰에도 직접 판매하며 유통업을 함께 영위하는 제조업체가 늘어났다. 또한 최근 코로나19로 비대면을 선호하는 분위기 역시 이 추세에 힘을 싣고 있다. 그러나 내가 판매하려는 상품을 제조하는 업체가 위탁 배송 시스템을 갖추지 않았거나 제조업체 자체 물량 외 판매자의 배송 위탁을 원하지 않는 제조업체도 많다. 이때 판매자는 상품을 사입하기 전에 기본적으로 물류 창고와 택배사와의 거래 계약을 준비해야 한다.

집이나 사업장 공간을 활용한 배송 시스템 구축

　　소량 판매나 한정수량 선주문 제작 판매 등 예상 판매 수량과 재고 보유 수량에 따른 공간 확보를 가능할 수 있는 경우 집이나 사업장 안의 공간을 활용하여 택배를 보낼 수 있다. 만약 주문량이 예측 불가한 상황의 판매자라면 어느 날 확보해놓은 재고 이상으로 주문이 들어오면 재고 부족으로 배송이 지연되는 초유의 사태가 벌어질 수도 있기에 각별히 유의해야 한다. 집과 사업장에서 배송 시스템을 구축하는 데는 생각보다 많은 공간을 차지한다. 배송 작업 공간을 채울 최소의 요건을 살펴보자.

벌크 상품 적재 영역

　　보통은 제조업체에서 상품을 1개씩 개별 패킹한 상태로 판매자에게 전달하는 형태를 벌크Bulk라고 부른다. 벌크 상품은 상자를 개봉했을 때 찌그러지거나 찢겨 있을 가능성이 있다. 그러므로 벌크 상품은 많은 양을 적재할 경우 하중을 견디지 못해 하단에 적재된 패킹이 찌그러지지 않도록 유의해야 한다. 대부분 벌크 상품의 패킹된 상자는 직사각 형태이지만 윗부분이 둥근 형태이거나 패킹 상자가 아닌 포장 비닐 형태일 경우 별도의 진열대를 구비한 후에 쌓아야 한다. 또한 공산품일 경우에는 햇빛에 장기간 노출되면 패킹 상자가 바랠 수 있다. 이는 소비자에게 오래된 재고 상품이라는 인식을 줄 수 있으므로 보관 시 암막 시트지 등으로 직사광선을 차단하는 것이 좋다. 또한 가전제품과 가죽 소재로 된 제품은 습기에 매우 취약하므로 서늘하면서도 다소 건조한 환경에서 보관해야 한다. 이는 습기로 인해 패킹 상자 일부분이 흐물대거나 축축한 상태로 우그러져 있는 것만 봐도 알 수 있으므로 수시로 점검하자.

상품 포장 영역

오프라인 매장에서는 벌크 상품을 있는 그대로 진열해놓고 판매하고 비닐 또는 쇼핑백에 담아 소비자에게 전달한다. 온라인 쇼핑몰에서는 파손의 우려가 없는 저가 상품이나 의류는 포장 비닐에 담아 배송하고, 대부분의 상품은 택배 상자에 담아 배송한다. 제조업체에서 받은 상품은 포장 작업을 거쳐 택배 기사에게 전달한다. 상품 포장을 하려면 포장 작업을 할 수 있는 긴 테이블 형태의 작업대와 포장 비닐 또는 상자, 테이프, 테이프 커터 등의 부자재 그리고 계약된 택배

업체에서 받은 운송장 출력기 등이 필요하다.

택배 상품 적재 영역

상품을 포장해놓고 운송장까지 부착한 후에 택배 기사에게 전화를 하자마자 바로 회수해가는 경우는 드물다. 택배 기사가 특정 시간에 회수하러 오기까지 1분이든 1시간이든 포장된 상품들을 쌓아둘 공간이 필요하다.

상품 배송은 택배 상품을 포장하고 운송장을 작성한 뒤 택배 기사에게 상품을 전달하면 된다. 이때 최소한의 동선이지만 제조업체로부터 벌크 상품을 수령할 때나 상품을 출고할 때 접이식 대차는 반드시 필요하므로 배송 시스템 구축 시 함께 구비하는 것을 추천한다.

3자 물류(3PL) 업체 계약

온라인 쇼핑몰의 주문량이 지속적으로 증가해 집이나 사업장에서 포장과 발송을 하던 소상공인 판매자가 사업을 확장하거나 품목을 늘리는 경우에 선택할 수 있는 것이 바로 3자 물류 방식이다. 3자 물류는 '물류아웃소싱', '풀필먼트fulfillment', '쓰리피엘'이라는 용어로 불리며 배송, 보관, 유통가공 등 두 가지 이상의 물류 기능을 종합적으로 제공하는 물류 서비스를 말한다. 쉽게 말해 '물류 대행'이라고 할 수 있다.

매출이 늘어나면 더 넓은 공간이 필요하고 늘어난 상품을 체계적으로 분류하고 보관할 수 있는 진열대가 필요하다. 늘어나는 주문량

만큼 포장이나 발송 작업을 담당할 직원의 고용도 불가피하다. 3자 물류는 이러한 여러 문제와 필요 사항을 충족시킬 수 있으며 제조업체로부터 상품 입고, 적재, 보관, 포장, 택배 발송까지 원스톱one-stop으로 물류 전반을 대행하는 파트너다.

3자 물류는 '입고 검수-바코드 스캔 입고-SKUstock keeping unit(재고 관리 코드)*별 재고 관리'를 기본으로 상품을 관리하며 판매자에게서 주문서를 수신받으면 '상품 포장-바코드 스캔 출고'를 통해 택배로 상품을 발송하고 남은 재고를 관리한다. 만족스러운 조건으로 계약하기 위해 택배 업체들과 일일히 합의해야 하는 번거로움 없이, 3자 물류 업체와 택배사 간에 계약한 조건대로 택배 서비스를 이용할 수 있다. 3자 물류의 택배 운임은 개별 판매자에 비하여 경쟁력 있는 수준이다.

3자 물류 업체는 온라인상에서 쉽게 찾아볼 수 있으며 대부분 판매자의 개별 상황에 맞춰 업체들이 커스터마이징customizing된 서비스를 제공한다. 판매하는 품목이 적을 때는 물류비 등이 크게 와닿지 않지만 물량이 늘어나면 택배 상자, 테이프 등의 부자재비와 포장 인건비, 보관비 등이 불리한 계약 조건으로 눈덩이처럼 불어날 수 있으므로 물류 대행비에 대한 견적을 꼼꼼히 따져볼 필요가 있다. 3자 물류 업체마다 조건이 다른데 기본적으로 확인해야 할 사항은 이렇다.

* 재고품이 선반에 진열될 때의 단위 또는 개별 상품의 재고 관리 코드를 의미한다.

- 택배 한 건당 비용에 포장 인건비, 재고 관리 시스템 이용비가 포함되는가?
- 적재에 필요한 파레트 비용이 별도로 발생하는가?
- 상시 보관 수량이 늘어날 경우 면적당 추가 비용이 발생하는가?
- 품목이 늘어날수록 시스템 관리비도 늘어나는가?
- 타사 물류 대비 한 건당 택배비 경쟁력이 있는가?
- 택배 수량이 늘어날수록 수량 구간별 택배비 할인이 적용되는가?
- 포장 상자, 에어캡 등 부자재비는 개별 구매 대비 적정한 가격인가?

이처럼 세밀하게 따져보고 계약해야 안정된 영업과 관리 기반의 전자상거래 사업을 영위할 수 있다. 3자 물류 업체를 변경할 경우 상품의 물리적 이동, 택배사 교체 등 큰 손실이 발생할 수 있으므로 처음 계약할 때 꼼꼼히 따져보자.

03 사업자 등록과 통신판매업 신고하기

상품을 이미 확보한 판매자는 개인이 아닌 사업자로서 판매를 준비해야 한다. 라이브 커머스 플랫폼 입점에 필요한 서류는 사업자등록증, 개인사업자 계좌, 통신판매업신고증이다. 등록하는 방법이 어렵지 않으므로 하나씩 가볍게 살펴보자.

사업자 등록

사업자등록증을 발급받기 위해서는 먼저 사업자 등록을 해야 한다. 이는 관할 세무서를 방문하거나 국세청 홈택스를 통해 온라인으로 신청할 수 있다. 전자의 경우 신분증, 임대차계약서 1부를 가지고 세무서에 방문하여 사업자 등록 신청서를 작성하면 된다. 후자의 경우 홈택스에 회원 가입을 한 후에 '신청/제출 – 사업자등록 신청'을 통해 신청할 수 있다. 보통 3영업일 이내에 신청이 완료되며 '민원신청 처리결과조회'에서 완료 여부를 확인할 수 있다. 신청이 완료되면 사업자등록증을 출력하면 되는데 이때 PDF 파일로 저장하거나 이미

홈택스에서 사업자등록 신청하기

*출처: 국세청 홈택스

홈택스에서 사업자 등록하기

*출처: 국세청 홈택스

지를 캡처해 해당 플랫폼에 등록하면 된다.

사업자 계좌 발급

라이브 커머스에서 판매한 물품 대금을 지급받으려면 사업자 계좌
는 꼭 준비해야 한다. 모든 라이브 커머스 플랫폼은 특정 은행을 지
정하지 않으므로 평소 거래하는 은행이나 선호하는 은행에 가서 사
업자 계좌를 발급받으면 된다. 단, 주의할 점이 있다. 통신판매업을
하는 사업자는 의무적으로 에스크로* 서비스에 가입해야 한다. 이 서

---

* 상거래를 할 때 판매자와 구매자 사이에 신뢰할 수 있는 제3자가 중개하여 금전 또는 물품을 거래하도록 하는
  서비스를 말한다.

농협 에스크로 메인 화면

*출처: 농협 에스크로

비스를 제공하는 은행은 국민은행, 기업은행, 농협이므로 이중 한 곳에서 신청하는 것이 좋다. 사업자 계좌를 발급받을 때 필요한 서류는 신분증과 사업자등록증(개인사업자 기준)이다.

통신판매업 신고

라이브 커머스는 물론이고 이커머스에서 전자상거래업을 하는 판매자는 반드시 통신판매업 신고를 해야 한다. 통신판매업 신고는 관할 시·군·구청의 지역경제과를 방문해서 신청할 수 있고, 정부24를 통해 온라인으로도 신청할 수 있다.

정부24에서 통신판매업 신고하기

통신판매업 신고

📢 알려드립니다.

- 인터넷 통신판매의 경우는 인터넷 도메인 개설 후에 신고하시기 바랍니다.
- 면허세 부과 민원(미납시 가산세 부과)이며, 업체 소재지 시군구의 처리결과를 확인 후 방문 수령하시기 바랍니다.
  ※ 면허세는 매년 1월1일(과세기준일)에 갱신된 것으로 보아 폐업신고 전까지 정기분 등록면허세 부과
  (예: 2019. 12. 31. 면허를 받은 경우, 신규허가에 따른 면허세 신고납부(2019년 수시분) 및 2020년 정기분 면허세 납부대상이 됩니다.)
- 「부가가치세법」제2조제4호의 간이과세자의 경우 통신판매업 신고 면제 대상입니다.
- 호스트 서버의 소재지가 해외인 경우에는 업체 소재지의 시·군·구청에 직접 방문하여 신고하시기 바랍니다.
- 신고된 통신판매업자의 신원정보(대표자명, 대표전화번호(개인 휴대전화번호일 경우 휴대전화번호), 사업장소재지, 전자우편주소 등)는 전자상거
  래소비자보호법 제12조제4항에 따라 공정거래위원회 홈페이지(www.ftc.go.kr)에 공개됩니다.
- 인터넷 통신판매는 부가통신사업에 해당하므로 전기통신사업법 제22조에 따라 부가통신사업을 신고하시기 바랍니다.
  ※ 부가통신사업자 신고 의무 제외대상
  - 온라인쇼핑몰(오픈마켓)에 입점하여 사업을 하는 경우
  - 자본금이 1억원 이하인 경우. 단, 자본금이 1억원을 초과하게 되는 경우 그 사유가 발생한 날로부터 1개월 이내에 신고하여야 함
  * 신고방법 : 과학기술정보통신부 전자민원센터(www.emsit.go.kr)

업체 정보를 작성해 주세요.

구분	개인
상호	
사업자등록번호	
연락처	
소재지	[주소검색]

*출처: 정부24

    신청에 필요한 서류는 사업자등록증과 구매안전서비스 이용확인증이다. 구매안전서비스 이용확인증은 네이버 스마트스토어나 쿠팡 등에서 사업자등록증만 있으면 판매자 회원으로 가입해서 다운받을 수 있고 국민, 기업, 농협 등의 은행에서 사업자 뱅킹을 통해 발급받을 수도 있다. 발급까지 보통 3영업일이 소요되며 관할 지역경제과를 방문해서 등록면허세를 납부한 후에 수령할 수 있다.

구매안전서비스 이용확인증 예시

구매안전서비스 이용 확인증

1. 상 호 : 주식회사 ▮▮▮▮▮▮

2. 소 재 지 : ▮▮▮▮▮▮▮▮▮▮▮▮▮▮▮▮▮▮▮▮▮▮
▮▮▮▮▮▮▮▮▮

3. 대표자의 성명 : ▮▮▮

4. 사업자 등록번호 : ▮▮▮▮▮▮▮

위의 사업자가 『전자상거래 등에서의 소비자보호에 관한 법률』 제13조 제2항
제10호에 따른 결제대금예치 또는 법 제24조 제1항 각호에 따른 소비자피해보상
보험계약 등을 체결하였음을 다음과 같이 증명합니다.

1. 서비스 제공자 : 네이버파이낸셜 주식회사
2. 서비스 이용기간 : 2020년 03월 12일(서비스 이용신청일)
3. 서비스 제공조건 : 스마트스토어센터 판매이용약관 및 전자금융거래 이용약관에 따름
4. 서비스 등록번호 : 제 A17-200312-1734 호
5. 서비스 이용확인 연락처 : 1588 - 3819 / https://sell.smartstore.naver.com
6. 호스트 서버 소재지 : 경기도 성남시 분당구 야탑동 343번지 2호 KT-IDC 5층

2020년 03월 12일

네이버파이낸셜 주식회사

*출처: 네이버 스마트스토어

판매 상품 계약 및
방송 셋업하기

01 공급사와 거래 계약 체결하기

라이브 커머스로 상품을 판매하기 위한 마지막 절차는 공급사와의 '계약'이다. 사입과 완사입은 판매자가 물품 대금을 결제하면 상품이 바로 출고되는 비교적 단순한 방식인 데 비해 위탁판매는 여러 항목에서 협의가 이루어져야만 계약이 체결된다. 이는 계약 후 크고 작은 협의와 분쟁으로부터 서로의 이익은 극대화하고 피해는 최소화하기 위한 약속이 담긴 문서이므로 신중하게 체결하고 성실하게 이행해야 한다.

위탁판매 계약을 할 때 가장 중요한 조항은 '결제'다. 공급사와 판매자 간의 결제 방식은 다음과 같이 협의할 수 있다.

상품 판매 및 공급 계약서

_____ 이하 "갑" 이라 한다) 와 (주)커션콘텐츠핫 (이하 "을"이라 한다) 은 상품의 공급 및 판매를 '그립' 라이브커머스 앱 (이하 "시장"이라 한다)에 하는 것에 관한 계약을 아래와 같이 체결한다.

제 1조 (목 적)
본 계약은 '갑'의 상품을 '을'이 시장에서 판매하는 벤더 공급거래 계약관계에 있어 공정한 거래를 바탕으로 상호 이익을 도모하기 위하여 거래관계에 관한 전반적인 사항을 규정하고, 계약을 성실히 수행함을 목적으로 한다.

제 2조 (기본 계약서)
본 계약은 제 3조에서 정한 계약기간 동안 상품의 공급과 관련하여 "갑"과 "을"사이에서 체결된 모든 약정에 적용된다.

제 3조(계약기간)
1) 시작일 : 2020년 6월 1일로 부터
2) 종료일 : 2021년 5월 31일 까지로 한다.
3) 본 계약의 유효기간은 계약일로부터 1년으로 한다.
4) 계약기간 만료 1개월 전까지 일방 당사자가 상대방에게 계약 갱신 거절의 의사를 서면으로 통지하지 아니하는 경우, 계약기간은 1년씩 자동 연장된다.

제 4조 (거래의 목적물과 방식)
1) '갑'과 '을'의 거래 상품과 가격은 '갑'이 제공하는 첨부#1[상품 및 가격]에 의한다.
2) '갑'은 상품명, 모델명, 공급가격 등이 기재된 '상품리스트 견적서'를 제공한다.
3) '을'은 '갑'에게 그립 상품 관련하여 출연료, 방송비 일체를 요구할 수 없다.
   단 방송전과 방송시 필요한 시음, 시식용, 시연용 상품은 '갑'이 준비하여 호스트(방송자)가 지정한 장소에 배송되도록 협조한다. 수량은 협의하며 1회 방송당 1세트 수준으로 제공한다.
4) 방송전 호스트는 '사전회의'를 요구할 수 있으며 필요시 '갑'과 화상회의, 오프라인회의, 유선상으로 방송의 완성도를 위한 작업에 최대한 협조할 의무를 지닌다.

제 5조 (상품의 주문)
1) 본 계약에서 '상품'이라 함은 '갑'이 '을'에게 공급하는 판매용 제품을 말한다.
2) '을'은 '갑'의 상품리스트에 기초하여 상품의 종류, 품목, 수량 등을 명시한 주문서를 방송 익일 협의된 발주서(엑셀)로 이메일로 전달하고 '갑'은 당일 택배 출고 후 '을'에게 운송장 파일을 이메일로 당일 영업시간 종료전 전달한다.
3) '을'에게 사전고지 안 된 재고부족, 상품 하자, 발주서 미확인으로 인한 배송지연 등 '갑'의 귀책사유로 미출고 또는 배송지연이 발생한 경우 이와 관련된 책임 및 제반비용은 '갑'이 진다.

제 7조 (판매 범위)
'을'은 첨부#1[상품 및 가격]에 명시한 상품에 대해 라이브커머스 플랫폼 '그립' 유통채널의 판매권을 지니며, '을'은 '갑'에게 추가로 진행할 유통채널을 협의하에 진행할 수 있다.

제 8조 (대금결제방법)
1) '을'은 당월 판매 분에 대하여 _____마감하여 _____현금으로 결제를 원칙으로 하며 정산기준은 출고일 기준으로 한다.
2) '갑'은 '을'과 월 마감 판매수량 및 금액을 _____에 확인한 뒤 _____에 '갑'은 세금계산서를 발행, '을'에게 청구한다.

제 9조 (상품 교환 및 반품)
1) '갑'이 공급한 상품의 파손, 불량 및 수량부족 등 이상이 있을 경우 '갑'은 이를 확인 후 교환 또는 보충 인도키로 한다.
2) 상기 1항에서 "갑"에게 반품되는 물류비는 "갑"이 부담하고 수리, 교환 등 보충인도 시의 물류비는 "갑"이 부담한다. 교환은 선회수 후출고를 원칙으로 하되 명확한 상품하자의 증거, 증언 주장 시 맞교환으로 신속히 처리한다.
4) 상품하자가 아님에도 불구하고 교환 또는 반품을 원하는 소비자의 경우 발생되는 상품 운송에 대한 비용은 사안별로 협의하여 소비자, 유통채널, "을"이 분할 부담키로 한다.

*출처: (주)커션콘텐츠핫

선결제

선결제 방식은 판매자가 이메일이나 팩스 등으로 주문서 파일을 보내고 상품 한 개당 공급가액×주문 수량의 합계액을 송금하면 당일 출고하는 방식이다. 선결제는 결제금액이 입금되지 않으면 출고하지 않으면 그만이기 때문에 공급사 입장에서는 리스크가 없는 반면 판매자로서는 매일 결제해야 하는 번거로움이 있다.

또한 판매자가 입점해서 판매하는 오픈마켓, 스마트스토어, 종합몰 등의 정산금액은 출고 기준이 아닌 구매 확정 또는 배송 완료일로부터 7일이 지난 시점을 기준으로 7~45영업일 이후 판매자에게 지급되므로 물품 대금 여신을 깔아두어야 한다는 부담이 있다.

선결제는 매일 선결제 후출고 방식으로 진행되고, 특정 기간에 월

판매자가 공급사에게 보내는 일일 주문서 예시

주문번호	상품코드	상품명	옵션	수량	상품구매금액	구매자 닉네임	구매자 이름	구매자 연락처	수령인	수령인 연락처	수령인 우편번호	수령인 주소
1550774792	ynmvwvvn	*********************	***************	2	17,800	*********	*********	*********	*********	*********	*********	*********
1550774792	ynmvwvvn	*********************	***************	1	8,900							
1550774678	ynmvwvvn	*********************	***************	1	8,900	*********	*********	*********	*********	*********	*********	*********
1550774678	ynmvwvvn	*********************	***************	2	17,800							
1550774546	ynmvwvvn	*********************	***************	2	17,800	*********	*********	*********	*********	*********	*********	*********
1550774546	ynmvwvvn	*********************	***************	2	17,800							
1550774528	ynmvwvvn	*********************	***************	1	8,900	*********	*********	*********	*********	*********	*********	*********
1550774528	ynmvwvvn	*********************	***************	1	8,900							
1550774528	ynmvwvvn	*********************	***************	2	13,000	*********	*********	*********	*********	*********	*********	*********
1550774515	ynmvwvvn	*********************	***************	2	17,800							
1550774515	ynmvwvvn	*********************	***************	1	8,900	*********	*********	*********	*********	*********	*********	*********
1550774515	ynmvwvvn	*********************	***************	1	6,500							
1550774444	ynmvwvvn	*********************	***************	3	26,700	*********	*********	*********	*********	*********	*********	*********
1550774444	ynmvwvvn	*********************	***************	1	8,900							
1550774444	ynmvwvvn	*********************	***************	1	6,500	*********	*********	*********	*********	*********	*********	*********
1550774444	onp4l21n	*********************	***************	1	24,500							
1550773831	ynmvwvvn	*********************	***************	2	17,800	*********	*********	*********	*********	*********	*********	*********
1550773831	ynmvwvvn	*********************	***************	2	17,800							
1550773758	ynmvwvvn	*********************	***************	4	35,600	*********	*********	*********	*********	*********	*********	*********
1550773758	onp4l21n	*********************	***************	1	24,500							

*출처: (주)커션콘텐츠핫

단위 정산 내역을 확인해 세금계산서를 발행한다. 예를 들어 전월 25일부터 당월 24일까지의 출고분에서 발생한 교환이나 반품 명세를 당월 25일부터 28일까지 서로 확인한 후에 이를 차감 적용한 금액으로 세금계산서를 발행한다. 공급사에게 환급받을 금액은 차회 주문분에서 차감하는 방식이 아니라 판매자에게 별도로 지급하는 것이 일반적이다.

주 단위 후결제

선결제 방식으로 거래하다가 상호 간의 비즈니스 신뢰도가 어느 정도 쌓이면 후결제를 논의해볼 수 있다. 물론 만족스러운 거래량과 확실한 결제, 깔끔한 CS 처리 등으로 비즈니스 매너와 호감도가 높아 거래한 지 2~3주 만에 후결제를 제시하는 공급사도 있을 수 있고, 수개월이 지나도 선결제 방식만 고수하는 공급사도 있을 수 있다.

주 단위 후결제는 판매자에게 매일 주문서를 받고 결제 확인 없이 즉시 출고하는 방식이다. 예를 들어 전주 목요일부터 금주 목요일까지를 기준으로 목요일 오후 시점에 한 주간의 출고분에 대한 출고 명세서를 판매자에게 보내면(발주 업무는 보통 오전에 모두 마감된다) 익일인 금요일 오전까지 판매자는 출고 명세서를 확인하고 결제 처리를 하는 것이 일반적이다.

판매자가 주 단위 정산 작업을 업무상 비효율적이고 번거로운 작업처럼 여겨 간혹 조급하게 욕심을 부리는 경우가 있다. 여기서 판매자가 간과하고 있는 것은 공급사는 아직 판매자에게 월 단위 후결제를 용인해줄 만큼 비즈니스 신뢰도를 쌓았다고 생각하지 않는다는 점이다. 이 점을 잘못 생각하고 무리하게 월 단위 후결제를 제시할 경우 그간 쌓았던 신뢰도마저 무너질 수 있으므로 섣불리 그러지 않는 편이 좋다. 이는 소비자가 외상으로 먼저 상품을 받고 우리에게 한 달 후에나 돈을 주겠다는 것과 마찬가지다. 공급사 입장에서는 후한 비즈니스 인심을 판매자에게 베풀고 있는 것일 수도 있다.

월 단위 후결제

이는 당월에 마감하고 익월에 결제함으로써 판매자의 자금 부담을 최소화할 수 있는 방식이다. 예를 들어 당월 5일에 100만 원의 매출이 발생하면 해당 쇼핑몰에서 익월 10일에 판매 수수료를 제한 90만 원을 지급받은 뒤 15일에 물품 대금 70만 원을 공급사에 지불한다. 쇼핑몰에서 먼저 대금을 받고 공급사에 지급하는 방식이라 판매자는 여신 부담 없이 판매할 수 있다는 장점이 있다.

선출고 후결제 방식은 판매자의 개인적인 유대관계를 활용하거나 사업 계획과 비전을 제시한 다음 협의할 수 있다. 현재 자신의 스토어에서 판매 중인 상품들의 판매 이력을 기반으로 예상 매출과 수량을 제시하는 것이 후결제 계약을 끌어내기에 가장 좋은 방법이다. 하지만 어지간한 이력과 예상 거래액을 제시하지 않는 이상 초도 거래의 위험을 안고 후결제를 용인해주는 곳은 흔하지 않다.

나는 2020년 라이브 커머스를 통해 판매할 상품을 10개 공급사에서 수급받는 것으로 거래 계약을 체결했다. 이들은 제조사, 총판사, 유통사 등 다양한 형태로 전자상거래 사업을 영위하는 공급사인데, 10곳 중 8곳의 공급사와 월 단위 후결제 방식의 위탁판매 공급거래 계약을 체결했다. 이중 초도 거래를 한 공급사가 5곳이다. 10개 공급사 중 5곳은 나의 지난 이력과 비즈니스 인맥을 통해 계약을 맺은 곳이다. 나머지 5개 공급사는 소개를 받거나 라이브 커머스 플랫폼 그룹에서 내가 운영하는 스토어 방송을 보고 연락해온 경우 등 다양한 경로로 제안을 주고받아가며 계약을 체결했다.

이런 경우가 아닌 일반적인 월 단위 후결제는 '주문서 확인 – 출고 – 운송장 번호 회신' 등의 일일 진행 과정은 같고 월에 마감하는 방

월 단위 마감용 출고 명세서 예시

			2020년 10월 정산				
상품			과/면세	수량	공급액	배송비	총급액
***************************************			과세	90	1,296,000	10,000	1,306,000
***************************************			과세	10	66,700	2,500	69,200
***************************************			과세	40	504,000	7,500	511,500
***************************************			과세	21	512,840	5,000	517,840
***************************************			과세	10	132,160	2,500	134,660
반품배송비(왕복)							
				171	2019년 10월 정산예정		2,539,200

NO	발주일자	주문번호	상품명	수량	택배사	송장번호	공급단가	공급액	배송비	수취인명	수취인전화번호	수취인주소	주문상태
1	2020-10-15	1550368413	************************************	1	CJ택배	***********	13,216	13,216	2,500	******	*******	*******	출고완료
2	2020-10-05	1550272746	************************************	1	CJ택배	***********	14,400	14,400	2,500	******	*******	*******	출고완료
3	2020-10-05	1550221208	************************************	1	CJ택배	***********	12,600	12,600	2,500	******	*******	*******	출고완료
4	2020-10-05	1550275271	************************************	2	CJ택배	***********	14,400	28,800	2,500	******	*******	*******	출고완료
5	2020-10-05	1550275100	************************************	1	CJ택배	***********	25,642	25,642	2,500	******	*******	*******	출고완료
6	2020-10-05	1550270519	************************************	1	CJ택배	***********	12,600	12,600	2,500	******	*******	*******	출고완료
7	2020-10-05	1550272513	************************************	3	CJ택배	***********	14,400	43,200	2,500	******	*******	*******	출고완료
8	2020-10-06	1550291605	************************************	1	CJ택배	***********	6,670	6,670	2,500	******	*******	*******	출고완료
9	2020-10-05	1550283198	************************************	2	CJ택배	***********	12,600	25,200	2,500	******	*******	*******	출고완료
10	2020-10-05	1550275101	************************************	1	CJ택배	***********	25,642	25,642	2,500	******	*******	*******	출고완료
11	2020-10-05	1550275384	************************************	3	CJ택배	***********	14,400	43,200	2,500	******	*******	*******	출고완료

*출처: (주)커션콘텐츠핫

식만 다르다. 보통 전월 1일부터 말일까지의 출고분을 기준으로 익월 1일부터 5일까지 서로 출고 명세서를 공유해서 확인하고 이상이 없는 경우 5일부터 10일 사이에 공급사 측에서 세금계산서를 '청구'로 발행한다. 판매자는 공급사와 합의된 대금 지급일에 맞춰 결제함으로써 해당 월의 정산은 종료된다.

02 공급사와의 세부 계약 조건

공급거래에서 가장 중요한 결제 방식에 대한 협의가 완료되었다면 다음의 항목들도 꼼꼼히 따져보자. 이제부터 결제 외 세부 계약 조항에 대해서 알아보자.

계약 기간

계약 기간은 계약일로부터 1년으로 정한다. 만료 1개월 전까지 일방 당사자가 상대방에게 계약 갱신 거절 의사를 서면으로 통지하지 않는 경우 계약 기간은 1년씩 자동 연장되는 것이 일반적이다. 하지만 실상은 어느 한쪽에서 거래 종료 의사를 밝히면 계약 기간과는 상관없이 상호 합의에 따라 거래가 종료된다. 이런 경우는 빈번하게 발생한다. 공급사 입장에서 거래 종료를 요구하는 주요 요인은 판매자의 매출 실적이나 거래량이 충족되지 않는 경우가 대부분이다. 그 밖에도 비즈니스 매너가 좋지 않거나 계약을 불성실하게 이행하거나 합의된 판매가보다 더 낮은 가격으로 판매하는 등의 사유가 있다. 또한 소싱 단계부터 정식 계약이 아닌 테스트 마케팅 차원에서 한 계약인 경우 1개월 또는 3개월 판매 조건으로 기간을 한정하고 공급하는 형태가 있다. 이는 계약 기간과 무관하게 공급한 후 정식 계약 조건에 부합하지 않는다면 공급을 종료한다.

상품 자료 공유

전자상거래 판매에 필요한 자료는 웹용 대표이미지(썸네일)와 상세페이지(상품기술서)다. 대표이미지는 500*500픽셀Pixel의 정사각 이미지가 보편적이며 상세페이지는 500에서 700픽셀 사이의 폭을 기준으로 길이는 2,000에서 수만 픽셀까지 무한대로 제작된다. 대다수의 공급사는 대표이미지와 상세페이지를 보유하고 있다. 위탁판매가 아

상품 대표이미지 예시

*출처: (주)커션콘텐츠핫

닝 사입과 완사입의 방식으로 거래할 경우 판매자에게 해당 자료를 직접 제작하도록 요구할 수 있다는 점도 알아두자.

대표이미지는 JPG 등의 이미지 파일로 받고 상세페이지도 동일하게 받을 수 있다. 간혹 여러 쇼핑몰에서 판매하거나 판매 권한을 다수의 유통사에 쇼핑몰별로 부여하는 식으로 운영하는 공급사 중 이미지 파일이 아닌 HTML 이미지 경로를 공유하기도 한다. 이는 배송 지연, 품절, 이벤트 등의 상품별, 브랜드별 공지가 모든 쇼핑몰에 일괄적으로 적용될 수 있도록 관리하기 위한 것이다. 대부분의 쇼핑몰은 HTML 입력을 통해 이미지가 노출되게 하는 상품 등록 시스템을 갖추고 있지만 그럼과 같은 일부 쇼핑몰은 이미지 경로 입력란이 없어서 직접 이미지 파일을 업로드해야 하므로 되도록 대표이미지와 상세이미지의 원본 파일을 받는 것이 좋다.

일일 발주 프로세스

본 계약서에 조항을 삽입해도 되고 매우 세부적인 내용이라면 '부속 합의서'에 기재하는 식으로 일일 발주 프로세스에 대한 내용을 기재한다. 예를 들어 "판매자는 공급자의 소싱 리스트에 기초하여 상품의 종류, 품목, 수량 등을 명시한 주문서를 방송한 다음날 이메일로 전달한다. 공급자는 당일 택배 출고 후 판매자에게 이메일로 운송장 파일을 당일 영업시간 종료 전에 전달한다"라는 식으로 작성한다.

판매 쇼핑몰 범위

'판매자는 공급사가 제공하는 소싱 리스트의 상품에 대해 ○○○ 쇼핑몰의 판매권을 가지며 매출 확장을 위한 쇼핑몰 추가는 공급사의 승인을 얻어 진행한다'와 같은 문구를 기재해야 한다. 이는 공급사 상품의 판매권과 직결되어 있는 엄중한 사안이다.

판매자 입장에서는 '아니, 공급사 대신 열심히 영업해서 팔아준다는데 너무 예민한 거 아닌가?'라고 생각할지도 모른다. 그러나 판매자가 매출을 위해 또는 새로 입점한 쇼핑몰의 정착을 위해 가격 난매 등의 문제를 일으킬 수 있다. 이는 시장의 상품 가격을 무너뜨리고 브랜드 가치를 훼손할 수 있는 중대한 사안이기 때문에 상품 또는 브랜드 소유자인 공급사 입장에서는 이런 조항을 삽입하여 구체적으로 명시하는 등 민감하게 구는 것은 당연하다.

허용된 쇼핑몰에서 안정적인 매출을 확보한다면 판매자가 먼저 이야기를 꺼내지 않더라도 공급사가 판매자에게 판매 쇼핑몰 추가를 제안할 수 있으니 그때까지 끈기를 가지고 판매해보자.

교환 및 반품 처리

"상품의 파손, 불량 등 공급사의 귀책 사유로 소비자가 교환 또는 반품을 원할 경우 공급사는 적극적으로 협조해야 한다"와 같은 조항이 들어가야 한다.

상품 하자로 교환할 때 출고와 회수를 맞교환 방식으로 진행할 것인지, 선회수 후출고의 방식으로 할 것인지에 대한 원칙도 정해야 하며, 어느 정도 선으로 유연하게 대응할 것인지에 대한 상호 간의 룰을 정해서 기재해야 한다. 교환과 반품 조치를 빠르게 취한다면 소비자에게 높은 신뢰를 얻을 수 있는 반면 공급사의 늑장 대응은 판매자의 스토어에 악영향을 끼칠 수 있으므로 세부 조항에 대한 협의를 꼼꼼하게 하고 계약서에 명확히 기재해야 한다.

재고 부족, 미출고에 의한 보상 정책

공급사는 판매자의 주문에 대응하는 상시 재고를 보유하는 것을 원칙으로 한다(위탁판매 기준). 물론 품질 이상으로 생산이 중단되거나 제품 개선 또는 리뉴얼로 인한 품절 조치, 타 쇼핑몰 할인 행사로 인한 물량 소진 등의 이유로 공급 가능한 재고가 부족한 상황이 생길 수 있다. 일반적으로 공급사는 안전 재고 이하로 수량이 내려갈 경우를 대비해야 하며, 상황을 미리 예측하여 판매자에게 최소 일주일 전에는 공급 불가 사실을 전달해야 한다. 만일 이를 전달하지 않아 주문분에 대한 미출고가 발생하고 판매자에게 손해가 발생할 경우 쇼핑몰에서 내리는 패널티와 소비자의 배송 지연 또는 일방적 취소에 따른 피해보상 비용이 발생하므로, 이에 대한 내용을 충분히 협의한 뒤 계약서에 기재해야 한다. 상품의 소유자인 공급사에 비해 상대적 약자인 판매자는 계약 체결이나 판매에만 급급한 나머지 이러한 부분까지 고려하지 못하고 계약했다가 낭패를 보는 경우가 많다. 바늘구멍이 뚝을 무너뜨릴 수도 있다. 이런 사항까지 꼼꼼하게 살펴보자.

계약해지 및 손해배상

계약서 뒷부분에 들어가는 계약해지, 손해배상, 불가항력, 소송관할 등의 조항은 표준 계약서에 의례적으로 들어가는 조항으로, 대부분 현실에 적용하기가 어려운 내용이다. 하지만 일부 공급사는 자사에 유리한 조건으로 이 조항들을 수정해서 계약서를 제시하므로 판매자는 차분하게 읽어보고 이상한 점이 발견되면 공급사 측에 계약 내용을 정정하도록 요청한다.

샘플 제공 조건

일반적인 온라인 쇼핑몰의 판매자는 자신이 판매할 상품을 필요로 하지 않는 경우가 많다. 그 대신 상세페이지가 매우 자세하게 작성되어 있어 상품의 분류, 장점, 셀링 포인트, 사용 방법, 기타 상품에 대한 거의 모든 정보를 파악할 수 있다.

이에 반해 라이브 커머스 판매자는 상품의 실물을 보여주면서 설명과 시연을 하며 방송을 진행해야 하므로 상품이 반드시 필요하다. 사입 또는 완사입 방식으로 거래할 경우 이미 보유한 재고에서 방송 샘플을 사용하면 되지만 위탁판매 방식의 경우 방송 상품 샘플을 요청해야 한다. 이때 실제 소비자가 배송받는 것처럼 완제품, 완포장 형태로 받아보면 좋다.

위탁판매 기준으로 샘플 제공 여부는 보통 공급사와 판매자 간의 비즈니스 협력 지수에 따라 좌우된다. 해당 판매자가 라이브 커머스를 통해 예상되는 매출 또는 판매 수량이 높은 경우, 현재는 미약하

라이브 커머스 예시

*출처: (주)커션콘텐츠핫

나 발전 가능성이 높은 경우, 기타 상호 간의 라이브 커머스에 대한 의지 등의 이유로 공급사가 샘플을 무상으로 제공하는 경우가 있는 반면, 위와 같은 요소들이 없다면 샘플을 유상으로 제공하거나 회수하는 공급사도 존재한다.

또한 샘플 제공 여부는 제품 카테고리별로도 다를 수 있고 상품의 가치가 훼손되느냐 일부 보존되느냐의 차이에 따라 달라질 수도 있다. 상품의 가치가 훼손되는 대표적인 카테고리는 식품이며 특히 냉장·냉동식품은 출고가 되는 시점부터 상품이 훼손되기 시작한다고 볼 수 있다. 이러한 식품의 특성상 라이브 커머스 판매자가 방송한 샘플을 회수하는 것은 아무 의미가 없는 일이므로 보통 식품 방송 샘플은 판매자에게 전적으로 제공한다. 식품, 화장품 등과 달리 상품의 가치가 완전 또는 일부 보존되는 일반 공산품의 경우 방송 샘플을 제공한 후에 일정 시간이 지나면 회수한다. 물론 공산품이어도 샘플을 무상 제공하는 협력사도 존재한다. 또한 공산품에서도 가격대에 따라 제공 여부가 나뉘기도 한다. 대개 해당 상품이 온라인 쇼핑몰에서 실제 판매가가 1~3만 원 수준이면 무상으로 제공하는 편이며, 10만 원 내외의 가격이면 제공하지 않을 가능성이 크다. 이는 공급사가 샘플 제공 정책을 어떻게 정하느냐에 따라 달라지기 때문에 적정 선에서 샘플을 무상으로 제공받을 수 있도록 협의한다.

혹은 방송 목적에 따라 달라질 수도 있다. 방송의 가장 큰 목적은 홍보인데 이왕이면 판매까지 잘되면 더욱 좋다는 입장의 본사, 브랜드사는 샘플 제공에 무척 관대한 반면 오직 판매만을 목적으로 하는 유통사는 샘플 제공에 민감할 수 있다. 이처럼 판매만을 목적으로 하는 유통사 중 일부는 1회 방송에 들어가는 제반 비용은 생각하지 않은 채 원가 2~3만 원에 불과한 샘플을 제공했다는 이유로 그 몇 배 또는 몇십 배의 매출을 요구하는 경우가 있다. 이런 업체와의 거래는 재고해볼 필요가 있다.

마지막으로 방송에 필요한 샘플 수량도 방송 콘셉트에 따라 협의할 수 있다. 디스플레이가 중요한 방송은 디스플레이용 샘플과 시연이나 시식용 샘플, 그리고 방송할 때 보여줄 완포장 상태의 샘플까지 요청해야 한다. 공급사가 샘플 제공에 다소 민감하거나 공급사와 미온적으로 협의한 경우 과감히 디스플레이는 생략하고 시연용과 보여주기용 샘플만 요청할 수도 있다.

03 공급가 협의, 판매가 설정하기

계약이 완료되었다면 방송 준비와 동시에 판매자만의 가격표를 만들어서 판매가, 공급가, 수익률 등을 관리해야 한다.

우선 공급사에게 상품별 공급가를 받아서 판매자의 가격표, 즉 상품 리스트에 정리한다. 앞서 '소싱하기' 파트에서도 리스트를 만들었다. (본문 60쪽 참고) 그렇다고 또 다른 새로운 파일을 생성할 필요는 없다. 하나의 파일 안에 '소싱 리스트'와 '상품 리스트'를 나누어 관리하면 된다. 상품 리스트 항목은 다음과 같이 정할 수 있다.

- 상품명(모델명)
- 상품 유형
- 정상가(소비자가)
- 최저가, URL
- 매입가, 매입률
- 최저가 준수 가이드라인
- 배송비 조건, 배송비, 제주 도서산간 여부, 추가 배송비
- 방송 판매가
- 최저가 대비 할인율
- 쇼핑몰 판매 수수료율
- 수익액, 수익률

생각보다 항목이 많다. 미리 수식을 걸어두면 일일이 계산하지 않고 편하게 관리할 수 있기 때문에 엑셀을 사용할 것을 권한다. 수식은 상품마다 다르게 적용할 수 있으며 어려운 수식보다는 비교적 간단한 곱하기, 나누기, 더하기, 빼기 같은 기본적인 사칙연산을 사용하면 되므로 전혀 어렵게 생각할 필요는 없다.

수식을 다르게 적용하는 이유는 상품마다 받는 매입률이 다르기 때문이다. 그래서 어떤 기준으로 방송 판매가를 잡느냐에 따라서 수식을 다르게 적용해야 한다. 판매가를 책정하는 기준은 다음의 두 가지다.

최저가 기준

공급업체에서 넉넉한 매입률로 가격을 받은 경우다. 매입률은 정가 대비 받아 온 매입가를 뜻한다. 예를 들어 정가가 1만 원짜리인 상품을 5,000원에 받아왔다면 이 상품의 매입률은 50퍼센트다. 만약 7,000원이라면 매입률은 30퍼센트가 된다. 어렵지 않다. 단, 보통 매입률은 정가보다 최저가 기준으로 계산하는 것이 일반적이다.

매입률을 넉넉하게 받으면 판매가를 자유롭게 설정할 수 있다. 예를 들어 최저가인 9,000원 대비 30퍼센트의 매입률인 6,300원에 받았다면 방송 판매가를 최저가보다 10퍼센트 더 저렴한 8,100원으로 정한다. 8,100원에 판매하고 해당 쇼핑몰에 판매 수수료로 10퍼센트를 주는 경우 810원이 차감된 7,290원을 쇼핑몰로부터 정산받는다.

이후 공급업체에 매입가 6,300원을 지불하면 판매자의 최종 수익은 990원이 된다.

반면 수익액을 좀 더 높이고 싶다면 판매가를 높이면 된다. 최저가보다 더 싸게 설정하는 것이 아니라 최저가와 똑같이 맞추면 수익액은 약 10퍼센트가 늘어난 1,870원이 된다. 만약 더 많은 판매를 위해 최저가보다 15퍼센트 저렴하게 판매가를 설정할 경우 최종 수익액은 585원이 된다.

이렇게 넉넉한 매입률로 가격을 받게 되면 판매자의 전략에 따라 최저가 기준으로 할인율을 몇 퍼센트로 할 것인지를 정해서 판매가를 자유롭게 설정할 수 있다.

정상가 기준

공급업체에서 다소 박한 매입률로 가격을 받은 경우다. 최저가인 9,000원 대비 15퍼센트의 매입률로 받았다면 쇼핑몰에 수수료로 10퍼센트를 주고 판매자는 5퍼센트의 수익이 남는다. 이 경우 최저가보다 더 싸게 할인을 적용할 수 없고 5퍼센트 할인을 한다면 판매자의 수익은 제로가 된다. 그래서 방송에서는 할인율을 언급할 때 최저가가 아니라 정상가를 기준으로 소구하기도 한다. 이 상품은 최저가 대비 할인율이 제로지만 정상가로 계산했을 때는 10퍼센트 할인된 상품이라고 소개할 수 있다. 그렇다면 설명이 필요한 항목을 하나씩 살펴보도록 하자.

상품 리스트 예시

제품명 (모델명)	정상가	최저 가이드	공급가 (VAT포함)	공급마진율	배송비	최저가	URL	최저가대비 할인율	최종 판매가	마진액	마진율 (판가기준)
[A브랜드] ABC 상품 1	35,000	19,900	9,600	44%	2,500	17,110	https://se arch.shop ping.nav	-6%	17,100	4,935	28.9%
[A브랜드] ABC 상품 2	35,000	19,100	12,600	28%	2,500	17,400	https://se arch.shop ping.nav	-10%	17,100	1,635	8.6%
[A브랜드] ABC 상품 3	35,000	10,900	7,800	21%	2,500	9,880	https://se arch.shop ping.nav	-10%	8,900	- 535	-4.9%
[A브랜드] ABC 상품 4	35,000	23,500	10,600	31%	2,500	15,400	https://se arch.shop ping.nav	-1%	13,500	575	3.7%
[A브랜드] ABC 상품 5	43,500	20,400	13,000	33%	2,500	19,400	https://se arch.shop ping.nav	-5%	18,400	2,340	11.5%
[A브랜드] ABC 상품 6	32,000	12,300	10,000	46%	2,500	18,400	https://se arch.shop ping.nav	-5%	18,400	2,340	11.5%
[A브랜드] ABC 상품 7	16,000	14,000	6,400	32%	2,500	9,400	https://se arch.shop ping.nav	-5%	18,400	2,340	11.5%
[A브랜드] ABC 상품 8	16,000	10,900	6,400	45%	2,500	11,600	https://se arch.shop ping.nav	6%	8,900	865	7.9%

*출처: (주)커션콘텐츠핫

상품명

보통 쇼핑몰에 올리는 상품명을 입력한다. 업체에서 받은 상품명은 자사에서 구분하기 쉽게 작성한 경우가 있음으로 실제 온라인 쇼핑몰에서 판매되고 있는 상품명을 기재한다. 일반적으로 '[오뚜기] 진라면 매운맛 1박스'처럼 '브랜드명＋상품명＋상품구성'으로 작성한다.

상품 유형

가공식품, 건강기능식품, 주방용품 등 카테고리 중분류 수준으로 기재한다. 상품의 기본이기도 하면서 상품 리스트에 어느 정도 상품이 채워졌을 때 자신이 어떤 상품을 주로 판매하는지 스스로 파악할 수 있다.

정상가

정상가는 한마디로 '비정상가'다. 왜 그럴까? 상품에 표기된 가격 그대로 판매하는 편의점, 백화점과 같은 일부 유통 채널을 제외한 대다수의 대형마트, 할인점, 온라인 쇼핑몰 등의 모든 상품은 기본적으로 할인율을 적용해서 판매하고 있기 때문이다. 예전에는 상품의 가격을 그 상품의 가치를 말해주는 척도로 여기곤 했다. 그러나 소비자가 실제 구매하는 가격, 온라인 최저가, 다수가 인지하는 해당 상품군의 가격대가 모두 다르기 때문에 사실상 정상가는 큰 의미가 없다고 볼 수 있다.

최저가와 URL

방송 판매가를 정할 때 최저가가 중요한 기준이 된다고 했다. 라이브 커머스 판매에서 일반 쇼핑몰보다 좀 더 저렴한 가격의 혜택을 주려면 온라인 쇼핑몰 전체의 최저가를 확인해야 한다. 매번 방송마다 가격 비교 사이트에 여러 개의 상품명을 검색하는 일이 번거로울 수 있으므로 검색한 화면의 URL을 따로 적어둔다. 검색할 때마다 판매 중인 쇼핑몰은 변할 수 있으나 검색어인 상품명은 변하지 않기 때문이다. 온라인 최저가는 시간별로 변하므로 방송 한두 시간 전에 확인하고 판매가를 조정하거나 그대로 유지하면 된다. 상품 리스트 파일에 최저가 URL을 넣어두고 이를 클릭해 최저가를 쉽게 확인한 후 변동된 내용을 엑셀에 반영하면 미리 정해둔 할인율에 따라 판매가와 수익률이 자동으로 바뀌므로 수식을 걸어두면 편리하다.

매입가와 매입률

매입률은 앞서 소개한 대로 업체에게 공급받는 가격이다. 통상적으로 공급가라고 말하지만 이는 공급업체 입장에서의 용어이고 판매자의 입장에서는 '매입가'라고 칭한다. 보통 공급업체와 이야기를 나눌 때 이런 말을 쉽게 들을 수 있다.

"공급 마진율은 어느 정도예요?"

이때 헷갈리지 말자. 이 말은 "내(공급업체)가 당신(판매자)에게 얼마의 수익률을 주면 됩니까?" 정도로 해석하면 된다.

"보통 30퍼센트입니다."

이렇게 답하면 1만 원에 판매되고 있는 상품을 30퍼센트의 수익률, 즉 3,000원이 차감된 7,000원에 달라는 말이다. 그렇다고 판매자가 오롯이 30퍼센트를 수익으로 취하지 않는다는 것은 공급업체도 알고 있다. 30퍼센트의 수익률에서 할인이 들어갈 수도 있고 쇼핑몰에 줘야 하는 기본 판매 수수료도 있기 때문이다.

최저가 준수 가이드라인

매입률을 넉넉하게 주는 대신 '이 가격 이하로는 절대 판매하면 안 되는 가격'을 제시한다. 이는 당연히 상품을 소유한 공급업체에서 정한다. 이는 공급업체와의 약속이며 반드시 지켜야 하는 마지노선 가격이므로 준수하자. 가이드라인 가격보다 낮게 판매할 경우 반드시 공급업체의 승인을 얻어야 한다. 매출액이나 판매량보다 가격을 유지하는 것을 더 중요한 가치로 여기는 업체도 있으므로 유의하자.

배송비 조건 등

판매가만큼 중요한 항목이 배송비다. 애써 고민해서 책정한 판매
가가 배송비 때문에 소비자에게 외면받는 일이 벌어질 수도 있다. 예
를 들어 다섯 팩짜리 간편식 만두의 온라인 최저가가 9,900원에 유
료 배송이라고 가정해보자. 이때 1만 원 이상 구매할 경우 배송비가
무료다. 그런데 판매자는 '쿠*, 지마*보다 무려 1천 원이나 더 저렴한
우주 최저가 방송'이라고 소구하며 8,900원에 유료 배송으로 판매한
다. 단, '3만 원 이상 구매 시 무료 배송' 조건을 붙인다. 그런데 소비
자가 가장 선호하는 구성은 열 팩짜리다. 고로 두 세트를 주문하려면
앞서 9,900원짜리 상품의 경우에는 19,800원에 배송비가 무료인 반
면 판매자 상품의 경우에는 상품값 17,800원에 배송비 3,000원을 더
해야 한다. 요즘 소비자는 매우 똑똑하다. 소위 '호갱님'이 되지 않기
위해 꼼꼼히 가격을 비교해가며 스마트하게 구매한다. '우주 최저가'
라는 멘트에 홀려서 사려고 했던 소비자는 오히려 더 비싸게 사는 꼴
이 된다는 사실을 알고 나면 일종의 배신감을 느낄 수 있다. 그래서
배송비 조건을 꼼꼼하게 확인해야 한다.

배송비 조건은 무료 배송, 수량 금액 상관없이 무조건 부과되는 유
료 배송, 3만 원 이상 무료 배송 식의 조건부 무료 배송 등이 있다. 배
송비는 업체가 책정하기 나름인데 2,500원이 일반적이며, 스티로폼
상자나 아이스팩 등이 부자재로 들어가는 냉장·냉동식품은 3,000원
으로 책정하기도 한다. 상자 포장 없이 포장 비닐로만 배송되는 의류
상품이라면 부피가 작고 가벼우니 배송비를 크게 낮출 수 있을 것 같

지만 기본 운송비가 있어서 그럴 수는 없다.

제주 및 도서산간 지역의 배송 가능 여부도 확인해야 한다. 대부분 상품은 배송이 되지만 제주 및 도서산간 지역은 물리적 거리에 따라 배송 기간이 길어질 수 있으므로 배송 중 변질의 우려가 있는 냉장·냉동식품은 배송이 불가한 것이 일반적이다. 또한 제주 및 도서산간 지역은 기본 배송비 외 2,500~3,000원의 추가 배송비가 붙는다는 점도 알아두고 이는 상품 정보에 입력해서 소비자에게 정확히 안내해두어야 한다.

판매가, 최저가 대비 할인율, 수익률

나는 보통 상품 리스트에 유동적으로 기재하는 항목이 최저가와 할인율이다. 방송 전에 당일 최저가를 확인해서 입력하고 추가로 할인율만 입력하면 그날의 방송 판매가격과 수익액, 수익률이 자동 계산되게끔 수식을 걸어두었다. 예를 들면 다음과 같다.

- 최저가 9,000원 | 할인율 5퍼센트 | 판매가 8,550원 | 수익액 1,050원 | 수익률 12퍼센트

그런데 지난 방송의 매출 실적이 별로 좋지 않아 판매가를 더 낮추기로 한다.

- 최저가 9,000원 | 할인율 10퍼센트 | 판매가 8,100원 | 수익액 600원 | 수익률 7퍼센트

최저가를 입력하고 할인율만 조정해서 입력한 후에 수익률 7퍼센트 수준이면 나쁘지 않다고 생각하며 판매가를 조정한다. 단, 아래처럼 무리하게 책정하면 안 된다.

- 최저가 9,000원 | 할인율 20퍼센트 | 판매가 7,500원 | 수익액 -300원 | 수익률 -4퍼센트

지금까지 상품 리스트의 항목별로 자세한 내용과 판매가, 수익률 등을 책정하고 관리하는 방법에 관해 알아보았다. 매입가를 받은 후 판매가를 얼마로 책정해야 할인 혜택을 주면서 적정한 수익도 취할 수 있다는 계산을 머릿속으로 재빠르게 할 수 있어야 한다. 숫자와 계산이 어려울 수 있으나 판매자는 숫자와 친해져야 하는 운명이다. 문과 출신인 나도 이제는 숫자와 절친이 되었다. 모두 힘내자.

04 방송 대행사와 협업하기

지금까지 상품을 소싱하고 방송 준비와 진행, 판매, 주문, 그리고 CS까지 직접 해야 하는 판매자 위주의 제반 과정을 소개했다. 만약 이런 과정들을 어떻게 해내야 할지 막막하다면 라이브 커머스 대행사와 협업하는 방법이 있다.

상품은 있으나 방송 시스템을 구축하기 어려운 업체, 상품이 있고 방송도 사무실에서 할 수 있는데 자신이 출연하고 싶지 않은 판매자,

판매 방송은 잘할 수 있으나 상품이 없는 쇼호스트, 상품 등 모든 것을 갖췄으나 대행사에 맡기고 다른 생산적인 업무에 역량을 쏟고 싶은 업체 등 서로 부족한 부분을 채워줄 수 있는 비즈니스 파트너를 찾는다면 대행사와 협업해보는 것도 좋다.

최근 라이브 커머스 시장이 급성장하면서 많은 대행사가 우후죽순 생겨나고 있다. 어떤 대행사와 협업할지 알아보기 전에 대행사의 종류와 협업 가능 범위에 대해서 알아보자. 방송 대행사는 크게 4가지로 나눌 수 있다.

공간, 장비 제공 대행사

기본적으로 스튜디오와 카메라, 조명, 마이크 등의 장비를 갖추고 라이브 방송에 필요한 공간과 장비만 제공한다. 방송을 진행할 PD나 쇼호스트는 알아서 준비해야 한다. 이들이 필요하다면 전문 에이전시를 소개해주기도 하지만 이는 단순히 연결만 해주는 것이므로 이에 따른 책임은 지지 않는다.

홍보 마케팅 대행사

마케팅 대행을 하는 곳은 스튜디오나 장비 등을 제공하지 않지만 방송에 많은 시청자를 모으기 위한 사전 마케팅과 블로그, 카페 홍보와 같은 서비스를 제공한다. 또한 유명 인스타그래머, 셀럽, 유튜버 등을 섭외하여 그들의 팔로워나 팬이 방송에 유입되도록 그들을 방송에 출연시키는 등의 선택을 할 수 있는 서비스를 제공하기도 한다.

종합 서비스 제공 대행사

스튜디오, 장비, 쇼호스트까지 모두 갖춘 방송 대행사도 있다. 내가 운영하는 ㈜커션콘텐츠핫도 바로 이런 형태다. 마케팅 대행도 선택할 수 있는 옵션으로 제공한다.

종합 서비스를 제공하는 대행사와 협업할 때는 대행사 자체의 방송 계정 유무를 확인해야 한다. 특히 네이버 쇼핑라이브는 파워 등급 이상의 스토어만 방송이 가능하다는 제약이 있으므로 신규 판매자는 대행사의 계정을 통해 방송을 진행해야 한다. 물론 파워 등급 이상 스토어를 보유한 판매자는 자체 계정으로 대행사와 함께 방송하면 된다. 이 경우 어떤 조건으로 방송할지 대행사와 협의해야 한다.

예를 들어 여러 조건 중 하나로 진행할 수 있다. 첫째, 회당 방송비

SBA 스튜디오 라이브 방송 진행 장면

*출처: ㈜커션콘텐츠핫

용 100만 원을 지불한 후 대행사 계정으로 주문, 결제된 대금을 플랫폼 기본 수수료 5퍼센트를 제외하고 전액을 받는다. 둘째, 회당 방송 비용 30만 원을 지불한 후 결제 대금의 15퍼센트(플랫폼 수수료 5퍼센트+대행사 수수료 10퍼센트)를 제외한 나머지 금액을 받는다. 셋째, 별도 방송비용 없이 진행하는 공급거래 방식으로 대행사에 공급 가격을 5,000원으로 준 후에 알아서 방송을 통해 판매하도록 한다. 대행사는 30퍼센트의 높은 수익을 붙여서 9,000원에 판매한 뒤 판매자에 '1개당 공급가×판매 수량'만큼 결제하는 방식이다.

이러한 방식은 위탁판매와 비슷한 개념이다. '위탁 방송 판매'라고 생각하면 된다. 하지만 위탁판매도 공급업체가 쉽게 계약해주지 않는 것처럼 대행사도 큰 매출이 예상되지 않는다면 굳이 방송비를 들여가며 모험을 할 필요가 없으므로 이러한 공급거래 방식은 쉽지 않다고 볼 수 있다.

셀러 제공 대행사

방송을 진행하는 셀러만 제공하는 대행사도 있다. 상품, 스튜디오, 장비를 모두 갖추고 판매자 자신이 단독으로 또는 지인이 게스트로 출연하는 식의 방송을 했으나 결과가 좋지 않아 전문 셀러를 찾는 판매자에게 적합하다. 방송으로 얼굴이 알려지는 것을 꺼려하는 판매자에게도 추천하고 싶다. 방송 경험, 방송 매출 이력, 사전 회의 참여 횟수 등 셀러별 조건에 따라 출연료는 천차만별이므로 잘 따져보고 섭외한다.

05 배송과 CS

지금까지 상품 확보, 홍보 마케팅, 방송 진행 등 여러 과정을 거쳐왔다. 이제 라이브 커머스의 결실을 맺는 최종 과정인 배송과 CS customer service를 알아보자. 라이브 커머스를 통해 판매한 상품을 약속된 시점에 발송하고 소비자의 수령을 확인하며, 상품 하자 등으로 교환 또는 환불 조치 요청을 받는 '방송 사후관리' 과정이다. 이 과정에서 상품과 판매자의 평판이 갈릴 수 있으므로 판매자는 여기에 각별히 신경 써야 한다.

상품 배송

여기에서는 직접 택배를 보내는 판매자가 아닌 위탁판매, 사입, 완사입 방식으로 거래하는 판매자 중 공급업체에 배송 업무까지 맡긴 판매자 중심으로 얘기하려고 한다.

관리자 페이지 메뉴

*출처: 그립

Chapter2 | 라이브 커머스 자신 있게 시작하기　　　　　　　　**117**

배송 관리 내역(위)과 문의 게시판(아래)

	주문번호	주문상품번호	구매자 닉네일	구매자 이름	구매자 연락처	수령인	수령인 연락처	수령인 우편번호	수령인 주소
☐	1551037419	252238511	■■■	■■■	■■■	■■■	■■■	44700	울산 남구 ■■■
☐	1551037379	252238457	■■■	■■■	■■■	■■■	■■■	42685	대구 달서 ■■■
☐	1551032419	252230561	■■■	■■■	■■■	■■■	■■■	58813	전남 신안 ■■■
☐	1551032391	252230518	■■■	■■■	■■■	■■■	■■■	36164	경북 영주 ■■■

Show 10 entries

문의유형	등록일시/답변일시	주문번호	기능	작성자	문의 내용	대표이미지
상품 문의	2021-01-20 16:32:54 2021-01-20 18:05:40		답변수정 상품보기	■■	재판매안하시나요? 라이브가로구매하고싶은데ㅠ	
배송일/배송지연	2021-01-19 23:34:58 2021-01-20 08:43:43	1551285480	답변수정 상품보기	■■	이번주 휴가라 목금토일 집에 없어요 다음주 월요일에 ...	
상품 문의	2021-01-19 21:08:30 2021-01-19 22:20:40		답변수정 상품보기	■■	구매안되나요 ㅠㅠ	
기타	2021-01-11 20:24:51 2021-01-12 14:54:13	1550363686	답변수정 상품보기	■■	구매후 구매 후 쓰만짓술이엇기에 보관후 개봉하여, 7살 ...	

*출처: 그립

어떤 플랫폼 관리자 페이지는 '주문 관리'와 '배송 관리' 메뉴로 나뉘어 있지만 보통은 '배송 관리' 하나의 메뉴로 구성되어 있다.

일반적인 상품 발송 과정

'주문 관리'에는 가상계좌 입금 대기 중인 내역도 포함되는데 주문자가 언제 입금할지 모르고 변심할 수도 있기에 중요하지는 않다.

'배송 관리'로 들어가면 전일 방송 시작부터 현재 조회하는 시점까지의 결제 완료 내역을 확인할 수 있다. 판매자는 '발주 요청' 상태에 있는 내역을 '일괄 다운로드'하여 주문 리스트 파일을 받고 '일괄 발

118

주 처리'를 클릭한다. 그러면 고객에게 "판매자가 고객님의 주문을 확인했고 발송 준비 중입니다"라는 안내 메시지가 자동 발송된다.

이후 판매자는 '1:1 문의'로 가서 고객의 문의를 확인한다. 이때 결제 완료한 고객의 배송 요청 관련 문의를 우선으로 확인해야 한다. 공급업체에 주문서를 보내기 전에 "배송 메시지에 못 적어서 여기에 적습니다. 집에 아이가 있어 문 두드리면 안 됩니다"와 같은 고객의 요청사항을 주문서에 반영해서 보내야 하기 때문이다.

내려받은 주문서를 그대로 보내서는 안 되고 공급업체에서 요청한 양식에 맞게 보내야 한다. 대부분 예전부터 써오던 양식이거나 공급업체와 계약한 택배사에 맞는 양식이다. 주문서 양식은 업체별로 다르지만 필수로 들어가는 항목은 별반 다르지 않다.

- 주문일 / 주문번호
- 상품코드 / 상품명 / 옵션
- 수량 / 주문액
- 구매자 성함, 연락처 / 수령인 성함, 연락처, 우편번호, 주소 / 배송 메시지

주문 내역을 공급업체 주문서 양식에 옮기는 작업을 한 뒤 공급업체의 발주 담당자에게 이메일을 보내면 오전 발주 업무는 끝난다.

만약 전날 각기 다른 공급업체의 상품을 여러 번 방송했거나, 1회 방송했으나 여러 공급업체의 상품을 복수로 소개하며 판매한 경우 플랫폼에서 받은 한 개의 주문서를 각각의 공급업체별 양식에 맞춰

서 보내야 한다. 예를 들어 전날 네이버 쇼핑라이브, 그립, 카카오 쇼핑라이브에서 5개 공급업체의 상품을 방송했다고 가정해보자. 이 경우 3개의 플랫폼 관리자 페이지에서 각각 주문서를 받아 한 개의 통합 주문서 파일로 주문 내역을 병합한다. 이후 공급업체별 5개의 주문서에 각각 옮겨서 이메일로 발주하는 작업을 해야 한다. 또한 오후 중 5개의 업체에서 운송장 번호가 기재된 송장 파일을 수신해오면 오전에 내려 받았던 플랫폼별 주문서 파일에 각각 송장 번호를 입력한다. 그리고 세 곳의 플랫폼 관리자 페이지에 각각 들어가서 송장 번호를 입력하는 것으로 마무리한다.

쇼핑몰 통합관리서비스를 이용한 상품 발송 과정

여러 공급업체의 상품을 여러 쇼핑몰에 판매하는 경우에는 플레이오토나 사방넷과 같은 쇼핑몰 통합관리서비스를 이용하면 편리하다.

이러한 서비스는 사용자가 입점한 쇼핑몰의 계정 정보와 연동되어 한 개의 상품을 서비스 플랫폼에 등록하면 입점한 모든 쇼핑몰에 자동으로 등록되는 기능을 제공한다. 또한 서비스 플랫폼 관리자 페이지에서 모든 쇼핑몰의 주문내역을 확인하고 미리 등록해둔 공급업체별 양식에 맞게 주문서 파일에 생성된다. 공급업체에서 받은 송장 파일을 서비스 플랫폼에 업로드만 하면 알아서 쇼핑몰별로 자동 입력되는 편리한 기능이다. 월 이용요금은 업체마다 다른데 최소 15만 원부터 시작한다.

오전에 주문서를 보내고 오후 경 송장 번호가 입력된 파일을 공급

쇼핑몰 통합관리서비스 업체인 사방넷의 홈 화면

*출처: 사방넷

업체에서 받으면 관리자 페이지로 들어가 빠르게 송장 번호를 입력한다. 하루는 전날 방송에서 대박 실적을 기록해 약 300여 건의 주문이 들어왔다. 보통 업체에서 오후 4시경이면 송장 파일을 회신해주는데 그날은 오후 5시 50분쯤에서야 파일이 오지 않은 사실을 알게 되었다. 급하게 발주 담당자에게 전화를 했다.

"대표님, 죄송합니다. 몸살로 갑자기 조퇴를 하게 되어서 파일을 보내지 못했어요. 내일 아침 일찍 출근해서 보내 드릴게요."

다른 직원들도 모두 퇴근했다고 한다. 막막했다. 오후 6시가 되자 예상대로 고객들의 애정 깊은 항의가 1:1 문의 게시판을 통해 빗발치기 시작했다. 고객들은 배송에 민감한 편이고 나 또한 마찬가지다. 빠른 배송에 익숙한 소비자들에게 아량을 베풀어달라고 부탁하기도 쉽지 않다.

"방송에서는 오늘 무조건 발송한다고 했는데 어떻게 된 건가요?"

나는 앵무새처럼 계속 같은 답을 할 수밖에 없었다.

"죄송합니다. 오늘 발송은 했는데 송장 번호가 안 왔습니다. 정말 죄송합니다."

컴퓨터 앞에 앉아 어언 새벽 1시까지 항의글에 답변을 달아야 했다. 이메일을 제때 확인하지 않은 잘못이다. 고객에게 배송되는 시점은 지역별, 택배사별로 다르기에 보장할 수 없지만 '발송' 시점에 대한 안내는 신중하고 정확해야 한다는 것을 새삼 깨닫는 순간이었다.

고객 CS

판매자는 우선 판매를 잘해야 하지만 고객 관리도 잘해야 한다. 이 부분은 한 권의 책으로 다루어야 할 만큼 방대한 분량이기에 사실 어느 범위까지 이야기해야 할지 고민스럽다. 그래서 나는 자주 올라오는 1:1 문의 사례 위주로 응대 방법을 다루어보려고 한다.

우선 방송 판매 전에 상품별·업체별 고객 문의에 대한 응대 매뉴얼을 정리해두자. 매뉴얼은 사전에 공급업체에 요청해서 받아두고 숙지한다. 물론 평소 매뉴얼 없이도 능숙하게 CS 응대를 할 수 있는 발주 담당자라면 매뉴얼이 없을 가능성이 크므로 자주 하는 질문과 답변이 무엇인지 물어봐서 정리한다. 또한 상품별·업체별로 교환이나 반품 정책 내용도 받아서 반드시 익혀둔다. 그럼 1:1 문의 또는 교환·반품 사례를 하나씩 살펴보자.

[후기성 글] 언니! ○○ 상품 잘 받았고 너무 맛있어요!

방송을 진행한 셀러에게 보내는 메시지다. 이에 맞춰 해당 여성 셀러로 빙의해서 답변할 필요는 없다. '현재 답변을 달고 있는 저는 업체 담당자이고 이 내용을 셀러에게 전달해드리겠다, 주문해주셔서 감사하다'라는 식으로 가볍게 응대하면 된다.

[결제 문의] ○○카드로 결제하려는데 계속 오류가 발생해요.

고객에게는 판매자가 쇼핑몰 소속인지 입점 판매자인지 관심이 없고 중요하지도 않다. "저희는 판매자라서 결제 오류에 도움을 드릴 수 없다, 쇼핑몰 담당자에게 확인을 요청하겠으나 늦어지는 경우 쇼핑몰 고객센터에 문의하면 좀 더 빠르게 해결할 수 있다"라는 식으로 응대하면 된다. 사실 결제는 민감한 개인정보이기 때문에 판매자가 도와줄 수 있는 일이 없다.

[배송 문의] 어제 발송됐다는 문자를 받았는데 오늘 확실히 오나요?

발송 후 대부분의 경우 다음날 상품이 도착하지만 지역별·택배사별 사정에 따라 하루 이틀 지연될 수 있으므로 확답을 하면 안 된다. 이때는 먼저 운송장 번호로 배송 흐름을 파악한 후에 택배 기사에게 연락해서 언제 배송되는지 답변을 받은 다음에 고객에게 안내하는 것이 가장 이상적인 대응이다.

[배송 문의] 송장 번호를 확인해보았는데 며칠째 배송 흐름이 없어요.

이는 택배사에서 물건을 수거해간 후에 중간 물류 센터 등에서 분실되었을 가능성이 크다. 사실 따지고 보면 택배사 잘못이지 판매자인 내 잘못은 아니다. 그러나 이 같은 설명을 해도 고객의 입장에서는 납득하기 어려울 수 있다. 이때는 물건을 분실한 택배사와 계약한 공급업체 그리고 그 공급업체와 거래한 판매자인 내 잘못이라고 생각해보자. 간혹 남 일처럼 택배사 탓을 하는 판매자가 있다. 이러면 고객에게 더 큰 역풍을 당할 수 있다. '택배사에 알아보니 중간에 상품이 분실되었다고 한다. 괜찮다면 오늘 빠르게 재발송하겠다, 배송이 지연되어 너무 죄송하다'라는 식으로 답변해야 한다. 판매자는 어떠한 사유든 배송 지연이나 사고에서 완전히 자유로울 수 없다는 사실을 명심하자.

[취소 요청] 배송 전 취소해주세요.

택배가 발송되고 송장 입력이 완료되면 고객은 주문을 취소할 수 없다. 위의 요청은 '배송 전', 즉 '내가 물건을 받기 전이니까 취소해도 되겠지?'라고 해석할 수 있다. 이때는 "죄송하지만 이미 상품이 출고되었습니다, 구매 의사가 없다면 반송하고 이에 따른 왕복 택배비는 부담하셔야 하는 점 양해 바랍니다"라는 식으로 정중하면서도 단호하게 응대하는 것이 중요하다.

[상품 하자] 너무 맛이 없네요. 환불해주세요!

변질되었거나 유통기한을 넘긴 식품이 배송되었다면 환불은 물론이고 피해보상까지도 해줄 수 있지만 맛은 지극히 개인적인 취향이기 때문에 맛이 없다는 이유로 환불을 요구하는 것은 억지에 불과하다. 이 경우 게시글에 답변을 작성하는 것보다 전화 통화로 차분히 고객의 말을 듣고 친절하게 설명을 해주는 편이 좋다. 글을 통해 답변하는 경우 말의 뉘앙스에 따라 오인할 가능성이 있기 때문이다. 수고스럽지만 고객과 통화하며 친절하게 응대하기를 권한다.

[진짜 상품 하자] 그릇이 깨진 채 왔어요. 손이 베일 뻔했어요.

포장 중 파손되었든 배송 중 파손되었든 원인 파악에 앞서 즉시 고객에게 전화해서 "많이 놀라셨을 텐데 죄송합니다. 다치신 데는 없는지요? 속히 원인을 파악하여 조치하겠습니다"라고 이야기한다. 그런 다음 고객이 진정되면 교환 또는 반품 의사를 물어보고 고객이 원하는 대로 조치한다. 물론 거듭 사과하는 것도 잊지 말자.

여러 사례를 통해 고객 응대 방법을 알아보았다. 판매자는 상품을 팔면서 수없이 많은 그리고 다양한 항의를 경험하게 될 것이다. 또한 '고객이 왕!'이라는 태도의 소비자에게 판매자라는 이유로 입에 담지 못할 욕설과 수모를 겪을 수도 있고, 그 과정에서 스트레스와 상처를 받을 수도 있다. 이에 우리는 소비자의 다양성을 인정하고 존중하며 이 또한 라이브 커머스 판매 중 하나의 과정에 지나지 않음을 알아두자. 마냥 참으라는 말이 아니다. 기본적으로 참고 인내하며 친절하게

'응대'하면서도 때로는 당당하고 명확하게 '대응'해야 한다.

고객 CS를 잘하는 최선의 비법은 '거짓 없이, 떠넘기지 않고 진정성 있게 소통하는 것'이다. 소비자를 진상으로 만드는 것은 바로 판매자의 응대에 달려 있음을 명심하자.

마케팅,
이렇게 하면 매출이 오른다

우리나라 라이브 커머스 시장은 아직 초기 단계라고 할 수 있다. 대형 플랫폼 업체, 유명 이커머스 회사들, 대형 오프라인 유통 회사들까지 판매자를 늘리는 한편 플랫폼을 확장하는 데 온 힘을 집중하고 있다. 시장 선점과 확장을 위해 유저를 최대한 늘려야 하기 때문에 판매자로부터 거부감이 들 수 있는 유료 광고 시스템을 선보이는 것은 플랫폼 입장에서 상당한 부담이 된다. 그래서 현재 상위 노출 검색 광고, 배너 광고 등의 유료 광고 시스템은 시행하지 않고 있다.

물론 플랫폼 업체가 만들어놓은 툴을 이용하면 어느 정도 상품을 판매할 수 있다. 하지만 판매자가 라이브 커머스 플랫폼 내·외부에서 스스로 사전 홍보를 하며 스토어 팔로워를 늘리고, 많은 시청자들이 라이브 방송에 들어올 수 있도록 노력한다면 더 좋은 결과를 얻을 수 있다. 이제 매출을 올릴 수 있는 마케팅 방안을 살펴보자.

01 네이버 쇼핑라이브

사전 홍보를 하기 전에 판매자는 해당 방송에서만 적용되는 혜택을 정해야 한다. '온라인 최저가 라이브 특가', '스토어 최초 할인', '사은품 증정', '추가 증정'과 같은 상품 자체 혜택과 '최다 수량 구매자', '최고액 구매자', '첫 번째 구매자', '퀴즈 정답자' 같은 방송 자체 이벤트를 설정해 라이브 방송에서만 누릴 수 있는 혜택을 설정해야 한다.

이후 방송 예고를 두 곳에 등록한다. 하나는 판매자의 스마트스토어에 방송 예고를 담은 배너 이미지를 만들어서 노출한다. 다른 하나는 쇼핑라이브의 '관리' 툴에서 방송 예고를 등록한다. 라이브 방송예고는 '판매자 센터-스토어 전시 관리-라이브 예고페이지 관리'에서할 수도 있다.

이때 대표이미지를 올리고 제목과 내용을 입력하는데, 여기서 제목과 내용이 매우 중요하다. 예고이미지와 제목은 스토어 '소식받기'

쇼핑라이브 관리 툴

*출처: 네이버 쇼핑라이브

128

솔가 스마트스토어 배너(PC 화면)

에 동의한 소비자에게 알림으로 전송되고 네이버 쇼핑라이브의 홈에서 어느 방송을 볼지 고민하는 시청자도 보기 때문이다. 상품명을 제목에 그대로 입력하기보다는 '머리부터 발끝까지 촉촉 보습 라이브', '33시간 지속력! 마스카라'처럼 상품 셀링 포인트를 앞세운 제

솔가 스마트스토어 배너(모바일 화면)

목, '○○○와 함께하는 비타민 앰풀'처럼 셀럽이나 해당 방송에 출연한 유명인을 언급한 제목, '초간단 참치 손질법 대공개', '타이벡 감귤 먹방쇼'처럼 시연, 시식, 노하우 공개 등 시청자의 이목과 흥미를 유발할 수 있는 제목이 좋다. 예고 내용 또한 앞서 설정한 방송 혜택이

나 이벤트를 중심으로 작성하는 것이 좋다. 라이브 방송 예고페이지
는 스마트스토어 '라이브' 탭에 노출된다.

 ## 그립

그립 역시 유료 광고 시스템이 없다. 그립에서 노출 구좌를 확보할
수 있는 방법은 두 가지다. 미리 등록해둔 판매자의 방송 예고가 어
플의 메인 중상위 영역에 있는 '라이브 예고' 리스트에 노출되거나,
판매자별 담당 MD에게 지속적으로 방송 노출을 제안해 MD가 이
를 수락하면 어플의 메인 상단
배너에 노출해주는 것이다.

라이브 예고 리스트

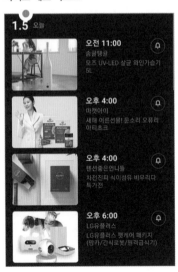

*출처: 그립

'라이브 예고' 영역에는 별도
의 선정이 필요없고 모든 판매
자의 방송이 등록된다는 장점이
있다. 하지만 이 영역에서는 시
청자가 많이 유입되지 않는 편
이고 해당 일자나 시간대에 방
송이 몰려 있을 경우 타 방송과
의 경쟁은 더욱 심화된다. 또한
이미 어플의 메인에 수많은 방
송의 미리보기 영상이 돌아가고

있는 상태이기 때문에 보고 싶은 방송을 빠르게 고르고 입장하느라 정신없는 시청자는 '라이브 예고'를 다소 지루하게 여길 수도 있다.

어플의 메인 최상단에 노출되는 일곱 개의 배너 중에서 한 개의 구좌에 판매자의 방송 예고 이미지가 노출될 수 있다. 그런데 그립 자체의 전사 이벤트, 공지 등이 약 세 개의 구좌를 차지하고 있고 나머지네 개의 구좌는 대부분 유명 브랜드 상품이나 대표 셀럽의 방송 배너가 주를 이루다 보니 일반 판매자의 방송이 노출되기란 쉽지 않다.

내부가 어렵다면 외부 마케팅으로 눈을 돌려볼 수 있다. 인스타그램, 블로그 등의 SNS를 통해 그립 내의 판매자 스토어나 방송 VOD URL로 유입시켜볼 수 있지만 PC 버전을 제공하지 않는 그립의 시스템 때문에 무조건 어플을 설치해야 한다는 외부 마케팅 허들hurdle이 존재한다. 실제로 스토어 유입이나 팔로우를 독려할 목적으로 인스타그램 광고를 진행했지만 어플을 설치한 후 유명 셀럽의 방송으로 빠지는 경우를 경험한 판매자가 종종 있다. 결국 남 좋은 일만 시킬 수도 있으니 외부 마케팅 광고는 유의할 필요가 있다.

외부 마케팅이 어렵다면 다시 내부로 돌아와 마케팅 방안을 고민해보자. 경쟁력 있는 가격으로 좋은 상품을 판매하는 방송은 기본으로 꾸준하게 하

메인 배너 영역

*출처: 그립

는 것, 이런 장점을 스토어 프로필에 임팩트 있게 소개하는 것 그리고 방송 중에 파격적인 할인 쿠폰을 자동으로 지급하며 스토어의 팔로워를 늘려나가는 것. 이 정도가 그립에서 필요한 마케팅 방안이다.

이 밖에도 스마트스토어 자체에서 주는 혜택을 정한다. 예를 들어 '스토어 찜'을 한 소비자에게 쿠폰을 제공하거나 '소식받기'를 설정한 소비자에게 '소식 알림에 동의하면 상품 중복 5퍼센트 할인' 쿠폰을 제공하여 방송 알림도 받게 하고 라이브 방송에도 참여할 수 있도록 혜택을 주는 것이 좋다.

라이브 방송을 예약하면 생성되는 URL을 외부 SNS에 공유하여 사전 홍보를 할 수 있다. 인스타그램에 이미지와 방송 내용의 게시물을 올리거나 블로그 포스팅을 한다. 또한 유료로 블로그 포스팅이 상위 노출되도록 할 수도 있다. 특히 인스타그래머나 인플루언서들이 SNS에 공유하는 특정 제품에 대한 의견이나 평가는 콘텐츠를 접하는 소비자들의 구매에 큰 영향력을 끼친다. 다만 광고판으로 저품질된 블로그나 인스타그램은 높은 광고비에도 불구하고 투자 대비 효율이 좋지 않을 수 있으므로 주의해야 한다.

또한 특정 카페나 커뮤니티를 통해 사전 홍보를 하는 방안도 있다. 커뮤니티 마케팅의 경우 공통의 관심사를 가진 그룹의 한 회원이 작성한 게시글을 본 후 해당 커뮤니티 회원이 대거 라이브 방송으로 들어오기도 한다. 단, 커뮤니티의 특성상 최대한 자연스럽게 홍보하는 것이 중요하다. 커뮤니티는 해당 그룹만의 개성과 문화가 자리 잡고

있다 보니 누가 봐도 '업자' 티가 나는 홍보 글은 철저히 외면당할 뿐
만 아니라 나아가 해당 상품과 브랜드까지 역풍을 맞을 수도 있다.
해당 커뮤니티 고유의 문화와 톤앤매너tone & manner에 맞게 홍보가 아
닌 순수 정보성 게시글을 공유해야 한다. 물론 해당 커뮤니티에서 꾸
준하게 활동하는 회원의 자격으로 글을 올려야 신뢰를 얻을 수 있다.

나에게 맞는
라이브 커머스
플랫폼은
무엇일까?

네이버 쇼핑라이브

01 라이브 커머스 플랫폼의 선구자, 네이버를 주목하자

네이버는 국내 라이브 커머스의 정착과 도입기에 성장을 주도한 플랫폼이다. 앞서 언급한 아프리카TV의 샵프리카, 무궁화꽃이피었습니다, CJ몰의 쇼크라이브, GS숍의 날방 등은 '판매자 참여형'이 아닌 '플랫폼 주도형'이다. 보통은 각 쇼핑몰 안에 판매자 스토어나 미니숍이 존재하는데 판매자가 라이브 커머스를 하고 싶어도 마음대로 할 수 없는 구조가 바로 플랫폼 주도형 라이브 커머스다.

플랫폼 주도형은 플랫폼에서 운영하는 쇼핑몰에 입점한 판매자에게 기획전, 주말 특가 식의 행사 제안을 받아 이를 플랫폼 업체의 MD가 선정해서 방송하는 방식이 일반적이다. 플랫폼이 주도하다 보니 하루에 소화할 수 있는 방송의 양이 적을 수밖에 없다.

네이버 쇼핑라이브 메인 화면

*출처: 네이버 쇼핑라이브

반면 네이버 쇼핑라이브는 판매자 참여형이다. 네이버 쇼핑은 수십만 개에 달하는 네이버 전체 스마트스토어를 관리하는 컨트롤 타워control tower로서 파워등급 이상에 해당하는 스마트스토어에 자신들이 만든 쇼핑라이브 기능을 제공하고 판매자가 스스로 방송할 수 있는 권한을 준다. '파워등급'은 최근 3개월간 구매 확정 기준으로 판매 건수 300건 이상과 판매 금액 800만 원 이상의 조건이 모두 충족되어야 하며 등급의 업데이트는 매월 2일에 반영된다.

네이버를 라이브 커머스 플랫폼의 '선구자'라고 하는 데는 이유가 있다. 방송을 진행할 때는 송출 서버 비용이 발생한다. 우리가 매일 보고 있는 TV의 화질은 1080P 풀HD이며 유튜브 영상 콘텐츠의 기본 재생 화질은 720P HD다. 라이브 커머스는 기본 설정된 재생 화질이 플랫폼별로 다르지만 720P HD나 이보다 낮은 480P SD 화질이다. 시청자가 몰려 방송이 종료되는 사태를 방지하고자 최대 동시 접속자 500명에 HD 화질로 1시간 동안 방송한다고 해도 송출비는 수십만 원에 달한다. 물론 네이버와 같은 매머드급 IT 기업은 더 낮은 비용으로 계약했겠지만.

국내 파워등급 이상의 스마트스토어 수는 약 3만여 개로 추정된다. 그럴 리는 없겠지만 이 판매자들 모두가 한날한시에 네이버 쇼핑라이브로 방송할 경우 한 시간 동안 무려 수백억 원의 천문학적인 송출비가 발생한다. 이때 만약 10퍼센트의 스토어만 방송한다고 해도 수십억 원의 비용을 지불해야 한다. 하지만 네이버 쇼핑라이브의 스마트스토어 판매 수수료는 업계 최저 수준이다. 방송을 하고 있는 모든 스마트스토어의 매출 실적이 아무리 높더라도 최저 수준의 수수료로 어마어마한 송출비를 감당하기에는 큰 무리가 있다. 나도 한 라

네이버 쇼핑라이브 검색 시 네이버 상단에 노출되는 화면

*출처: 네이버 쇼핑라이브

이브 커머스 플랫폼에서 방송제작팀장으로 재직할 당시 영업부와 개발부 간의 다툼을 종종 본 적이 있다. 영업부는 매출을 높이고자 HD 화질로 방송을 송출할 것을 요구하고, 개발부는 '돈도 못 버는 데 억지 부릴 문제가 아니다'라며 SD 화질을 유지하려고 한다. SD 화질로 낮추면 하루에 150회의 엄청난 방송 송출비를 반값으로 줄일 수 있기 때문이다.

네이버 쇼핑은 이처럼 막대한 비용의 리스크를 안고 라이브 커머스 시장에 과감히 뛰어들었고, 지금은 보란 듯이 국내 라이브 커머스 시장을 주도하고 있다. 정식 론칭 이후 누적 시청 횟수 4,500만 회와 구매 고객 40만 명을 넘어서며 네이버 쇼핑라이브는 가파르게 성장하고 있다.

02 네이버 쇼핑라이브, 이것만 기억하자

네이버 쇼핑라이브에서의 라이브 방송은 뒤에 나올 그립과 유사하다. 차이점이라면 유입되는 층이 훨씬 광범위하고 판매 상품의 범위도 넓다는 점이다. 누구나 웬만하면 네이버 계정을 사용하고 있고 매일 접하는 포털 사이트다 보니 네이버 쇼핑라이브로의 접근성이 아주 좋다. 네이버에서 상품을 검색하다가 자연스럽게 쇼핑라이브로 이동하게 되는 구조이므로 소비자 유입의 고민을 한결 덜 수 있다.

네이버 쇼핑라이브에서는 다소 고가의 상품이나 특정 타깃을 위한 상품도 잘 팔릴 수 있으므로 어떤 분야든지 진행해볼 만하다. 얼마 전에 네이버 쇼핑라이브에서 골프채를 판매한 적이 있었다. 다양한 채 중에서 일반인용 '드라이버'였다. 골프를 재미있게 치고 싶은데 거리가 잘 안 나와서 골프를 포기하려는 이들을 위한 상품이었다. 가격도 30만 원대라 적정한 수준이었다. 방송을 진행하기 전에 이 상품의 타깃층이 누구일까 고민하고 있는데 골프채 판매자는 자신이 온·오프라인에서 판매해보니 50대 이후, 연세가 있는 분들이 선호한다고 했다. 그런데 막상 라이브 방송에서는 달랐다. 요즘은 스크린 골프를 통해 젊은 세대도 쉽게 골프를 접하다 보니 오히려 젊은 직장인들이 큰 호응을 보내주었다.

"진짜 비거리 빵빵 난다면 갖고 싶네요."

"스크린 골프 칠 때 꼭 써보고 싶어요."

온·오프라인에서 한정된 소비자를 대상으로 판매하던 것과는 분명 다른 결과가 나왔다. 이 사례에서 알 수 있듯이 네이버 쇼핑라이브는 확실히 다양한 연령대의 고객들이 잠재하고 있다. 이러한 점에서 소구 포인트 역시 다양한 타깃층을 염두에 두고 플랜 1, 플랜 2 등여러 가지 버전을 준비해두는 것이 좋다.

네이버 쇼핑라이브는 촬영을 주로 스튜디오에서 진행하는데 이럴 경우 진행자는 라이브 방송 중 쌍방향 소통이 가능하도록 항상 가까이에 자신의 폰이나 여유 화면을 옆에 두고 진행하기를 권한다. 화면이 멀리 있으면 채팅창이 보이지 않아 소통이 원활하지 못할 수 있다. 또한 상품을 정확하게 일부분을 보여주어야 할 때는 카메라 앞까지 다가가서 세심하게 보여주면 좋다. TV 홈쇼핑 같은 경우는 시연이나 모델링을 할 때 여러 대의 카메라가 따라다니며 상품을 보여주지만 라이브 커머스는 진행자가 직접 동적인 시연을 카메라에 맞춰 보여주어야 한다.

그립

01 떠오르는 신흥 강자, 그립

2019년 2월에 론칭한 라이브 커머스 전용 어플을 기반으로 한 판매자 참여형 라이브 커머스 플랫폼이다. 보통 라이브 커머스는 일정 수준의 이커머스 기반을 다진 쇼핑몰이나 플랫폼에서 '실시간 방송' 기능을 추가하는 식으로 운영된다.

하지만 그립은 아무런 이커머스 기반 없이 라이브 커머스만을 위한 전용 어플, 그것도 판매자 누구나 방송할 수 있는 판매자 참여형으로 만들어졌다는 점에 주목할 만하다.

앞서 말했듯 판매자 참여형 플랫폼은 막대한 송출비용이 발생하기 때문에 홍보 마케팅에 투입해야 하는 예산이 부족할 수 있다. 소위 '뒷심' 부족으로 쇠락의 길을 걷는 플랫폼을 많이 봐왔으며, 나 또한 이런 추이를 직접 경험했다.

이러한 우려에도 불구하고 그립은 1년 만에 거래액이 122배 성장했으며, 입점 업체 수도 4,000곳을 넘어섰다. 또한 어플의 누적 다운로드 수는 100만 건에 육박하고 80억 원 규모의 시리즈B 투자를 추가 유치해 총 120억 원의 누적 투자액을 달성했다. 이는 국내 라이브 커머스 단일 플랫폼 중 가장 큰 규모의 투자다.

그립의 김한나 대표는 네이버를 포함해 스노우, B612 등의 카메라 서비스 플랫폼과 잼라이브에서 마케팅 사업을 총괄한 이력을 갖고 있다. 그립의 창립 멤버도 네이버 지식인, 네이버 밴드, 스노우 등의 서비스를 성공으로 이끈 사람들로 구성했다. 그립은 이러한 탄탄한 배경으로 라이브 커머스 플랫폼의 신흥 강자로 떠올랐다.

그립에서는 유상무, 안소미, 문천식 등 수많은 연예인과 셀럽들이 '그리퍼'로 활발하게 활동하고 있다. 그리퍼들은 자신의 스토어에서 정기적으로 방송하며 팔로워들을 늘려나가고 있으며, 오뚜기나 청정원과 같은 메이저 브랜드와의 콜라보를 통해 방송당 억대의 매출을 올리기도 한다.

물론 네이버 쇼핑라이브가 '일반 라이브', '도전 라이브', '기획 라이브', '셀럽 라이브' 간의 시청자 유입 및 매출액의 편차가 심한 것처럼 그립 또한 상위 셀럽과 일반 판매자 간의 편차는 크다. 나도 그립에서 정기적으로 50여 명의 쇼호스트, 유튜버, 인스타그래머 등 자사 파트너 그리퍼와 함께 라이브 커머스를 진행하고 있다.

하루는 저녁 8시 30분에 시작한 방송을 무난하게 이어가고 있었는데, 9시경부터 눈에 띌 정도로 시청자 유입이 없고 방송에 참여하던

그립의 대표 셀럽과 유명 브랜드의 특별 기획 라이브 커머스 예고 이미지

*출처: 그립

시청자들의 채팅마저 확연하게 줄어드는 것을 알게 되었다.

'쇼호스트가 무슨 큰 실수를 저질렀나? 아니면 어떤 시청자가 강한 불만과 항의를 제기해 채팅창이 난리가 났나?'

원인이 파악되지 않아 황급히 방송에서 퇴장한 후 알아보니 메이저 브랜드와 대표 셀럽 6명이 동시에 기획 방송을 시작한 것이었다. 이 때문에 많은 시청자가 셀럽 방송으로 유입되었고, 내 방송을 보던 시청자들도 알림을 받고 그쪽으로 합류해버렸다.

신규 판매자라면 이러한 편차 현상이 어쩔 수 없다는 것을 인정하면 다소 마음이 편해질 수 있다. 처음부터 많은 시청자가 몰려들어 채팅으로 소통하느라 정신이 없을 지경의 방송이 될 가능성은 적으

니까. 기껏해야 몇 명 정도 들어오고 방송 시작 후 10분간 채팅이 단 하나도 없을 수 있으니 의연하게 방송하며 천천히 진성 팔로워를 확보하는 데 집중하자. 잠재적 소비자인 이들은 판매자가 방송을 꾸준히 거듭해나간다면 점차 큰 힘이 되어줄 것이다. 일정 판매 수량과 매출액을 달성해서 파워 등급이 되어야만 방송이 가능한 네이버 쇼핑라이브에 비해 현재 판매할 상품이 있고 유통업을 하고 있는 판매자라면 비교적 수월하게 판매자 승인을 받고 방송할 수 있는 것이 그립의 장점이다.

02 그립, 이것만 기억하자

'2030을 위한 라이브 커머스 플랫폼'이라는 캐치프레이즈를 내걸고 등장한 그립은 국내 최초로 2030 세대를 겨냥한 대표 라이브 커머스 플랫폼이다. 그립에서는 상품을 판매하는 사람을 그리퍼로 지칭한다. 그리퍼는 매칭된 상품을 판매할 수 있고, 판매자 계정을 받은 누구나 직접 라이브 방송을 진행할 수 있다.

그리퍼명

그립에서는 닉네임 중심의 그리퍼명을 본명보다 많이 활용한다. 요즘은 '부캐 전성시대'라고 해도 과언이 아니다. 그립에서는 판매자의 또 다른 이름인 그리퍼명이 아주 중요하다. 나에게 어울리는 그리퍼명을 만들어보자.

현재 그립에서는 '○○ 언니' 하는 언니 시리즈가 유행이다. '언니'라는 호칭이 왠지 친근한 느낌을 주기 때문인지 이를 활용한 그리퍼명이 많다. 또 그것만큼 많은 것이 '○○맘' 같은 맘 시리즈와 '○○ 아빠' 같은 아빠 시리즈다. 그리퍼명은 처음 들어도 잘 잊히지 않고 발음하기 쉬운 것으로 짓는 것이 좋다. 방송 중에 자신의 그리퍼명을 종종 언급할 때가 있는데 발음하기 까다로우면 입에 붙지 않는다.

썸네일과 방송 제목

라이브 방송을 시작하기 전에 가장 중요한 것은 바로 간판을 내거는 일이다. 즉, '썸네일thumbnail'을 만드는 것이다. 아무리 상품과 콘텐츠가 좋아도 썸네일이 눈길을 끌지 못하면 고객을 모을 수가 없다. 상품 판매의 성패 여부가 미리보기 이미지와 제목으로 결판날 수도 있다는 말이다.

라이브 방송 중에 중점을 둘 핵심 소구를 활용한 썸네일을 만드는

'최저가'라는 소구를 중점으로 만든 썸네일 이미지

*출처: 진화림

것을 추천한다. 이를 위해서는 지금 판매하려는 상품과 어떤 이미지가 가장 잘 어울리는지 이것저것 시도해보아야 한다. 썸네일은 눈 깜빡하는 사이에 넘어가므로 이미지를 부각할 수 있는 것으로 정한다.

또 썸네일만큼 중요한 것이 '제목'이다. 평범한 제목보다는 자극적인 제목이 더 눈길을 끈다. 보자마자 '이거 뭐지?' 하는 느낌이 들어야 그 시청자가 라이브로 유입된다. 같은 제목이라도 너무 점잖게 만들지 말자. 인터넷 포털 사이트에서 연예 기사의 제목만 보고 낚일 때가 얼마나 많은가. '뱀파이어 그녀 ○○○! 긴급 증거 사진 공개'라는 제목에 놀라서 누르면 '○○○의 뱀파이어처럼 늙지 않는 동안 얼굴 사진 공개'라고 되어 있다. 어처구니가 없다. 어쨌든 기사를 클릭하게 만들었으니 성공인 셈이다.

그립에서는 대략 30자 정도가 제목 전면에 나타나고 그 이상은 보이지 않는다. 따라서 제목 초반에 승부수를 띄우는 것이 좋다. 제목을 너무 길게 쓰는 것은 좋지 않다. 짧고 굵게, 읽자마자 라이브 방송 썸네일을 꾹 누르게 할 효과적인 제목을 고민하고 또 고민해라.

'사장님이 미쳤어요! 20분만! 삼겹살 500그램 반값'

고기를 판매하는 한 그리퍼의 라이브 방송 제목 중 하나다. 제목만 봐도 삼겹살 500그램을 단 20분 동안만 반값에 살 수 있으니 얼른 라이브 방송에 들어와서 저렴하게 사라는 뜻을 정확히 알 수 있다. 제목은 이렇게 과감하고 직관적이어야 한다. 무난하면 지나쳐버릴 수 있다.

그립에서 활발하게 활동하는 대표적인 그리퍼로 개그맨 유상무가 있다. 그는 대기업의 먹거리 제품을 주로 방송하는데 본사 직거래로 판매해서 그런지 가격이 아주 매력적이다. 그의 방송은 주로 이런 식의 제목이 많다.

'유상무! 오뚜기 진 시리즈'
'유상무! 하림 치킨너겟 초특급 할인'
'유상무! 랜덤 박스 2천 원! 나이키부터⋯.'

이 제목만으로 '유상무' 하면 무의식적으로 대기업 먹거리를 다른 곳보다 더 저렴한 가격과 좋은 구성으로 판매하는 그리퍼가 연상된다. 이 제목에서 얻을 수 있는 또 하나의 팁이 있다. 제목 속에 자신의 그리퍼명을 넣을 경우 제목과 함께 그리퍼의 이름이 계속 눈에 들어오면서 시청자에게 눈도장을 찍을 수 있다. 이름이나 닉네임을 제목 앞에 붙여보자.

공지사항

그다음은 '공지사항'이다. 공지사항은 라이브 방송 중에 시청자들에게 꼭 알려주고 싶은 사항을 간단하고 알기 쉽게 적는 것이 포인트다. 많은 그리퍼가 공지사항 상단에 '○○○ 그리퍼 라이브 방송 중'이라는 문구를 적는다. 다음은 공지사항에 넣으면 좋은 내용이다.

- 라이브 방송 중임을 각인하는 문구
- 팔로우 유도 및 팔로우했을 때 적용되는 쿠폰 안내
- 라이브 중 적용되는 쿠폰 안내

- 라이브 중 다양한 혜택 정리

- 구성, 가격 혜택

- 그리퍼의 SNS 주소를 통한 홍보

이중에서 효과적인 것 두세 개를 적는다. 아래 예시를 함께 보자.

> @jin.hwa.rim '하이맘' 그리퍼 방송 중!
> 팔로우·채팅글 2천 원 쿠폰! 무료 배송!

> 구매고객 200명 추첨 '에코백' 증정 이벤트!
> 2만 원 이상 구매하면 2천 원 할인!

> ○○데이 선착순 이벤트!
> 6만 원 이상 구매 시 와규 윗등심 증정!
> 단, 15명 한정!

공지사항 역시 하단 왼쪽 채팅창 위에 단 두 줄밖에 노출이 되지 않는다. 이보다 많이 적으면 '더보기'를 눌러야 전체 확인이 가능하므로 두 줄(대략 30자) 정도로 가장 중요한 사항만 간단하게 적어주자.

라이브 방송 시작

자! 라이브 방송 준비가 다 되었다면 이제 방송을 시작해보자. 라이브 시작 버튼을 누르는 순간, 시청자가 보는 그립의 시청 화면 그

그립 메인 화면에 보이는 다양한 방송 상황

*출처: 그립

그립에서 그리퍼가 방송하는 모습

*출처: 그립

대로 진행자인 나에게도 똑같이 보인다.

　제목 아래 '눈' 그림이 실시간 유입되는 '시청자 수'다. 채팅창 위에 'OOO 님, 들어오셨습니다'라고 쓰일 때마다 위쪽 눈 모양 옆 숫자도 함께 올라간다. 아무래도 해당 계정의 팔로우 수가 많을수록 시청자가 많이 유입될 확률이 높다. 이는 내 고객이나 단골 수가 결국 매출과 직결된다는 사실을 알 수 있다. 오른쪽 하단에 보이는 '하트'는 응원과 격려, 관심 정도로 알면 된다. SNS의 '좋아요'와 같은 개념이다.

방송이 끝나면 라이브 종료 버튼을 누른다. 종료 후 즉시 라이브 중 판매된 수량과 금액을 확인할 수 있다. 그립은 플랫폼의 특성상 2030세대, 즉 'MZ세대*'가 많이 유입되다 보니 고가의 제품보다는 가성비 좋은 먹거리나 생활용품이 대세다.

---

* 1980년대 초반에서 2000년대 초반기에 출생한 밀레니얼 세대와 1990년대 중반에서 2000년대 초반에 출생한 Z세대를 통칭하는 말이다. 디지털 환경에 익숙하고 최신 트렌드와 이색적인 경험을 추구하는 특징을 보인다.

카카오 쇼핑라이브

01 국민 메신저를 앞세운 카카오

현재 카카오 쇼핑라이브는 판매자 참여형인 네이버 쇼핑라이브와 달리 플랫폼 주도형 방식으로 운영하고 있으며, 아직은 네이버처럼 스마트스토어라는 명확한 판매자 체계와 시스템이 잡혀 있지는 않다. 카카오 쇼핑라이브는 라이브 커머스 업계의 후발 주자이며 방송 횟수가 확장되는 데 한계가 분명한 플랫폼 주도형 방식이어서 네이버 쇼핑라이브와 비교했을 때 더딘 성장을 예상하는 이들이 많았다. 그러나 '국민 메신저'인 카카오톡을 기반으로 한 접근성과 친숙함을 강력한 무기로 삼고 자체 스튜디오와 전담 인력의 투여로 전문 인프라를 구축하며 차근차근 성장하고 있다.

카카오 쇼핑라이브는 정식 론칭한 지 한 달 만에 누적 시청 횟수 1,000만 회를 기록했다. 이는 라이브 커머스 생방송 특성상 하루

'카카오톡 쇼핑하기'로 진입한 카카오 라이브 화면

*출처: 카카오 쇼핑라이브

1~2회 정도 방송하는 점을 고려했을 때 분명 눈여겨볼 만한 실적이다. 또한 방송 1회당 평균 시청 횟수가 약 11만 회에 달할 정도로 놀라운 시청 점유도를 보여주고 있으며, 월별 거래액 역시 2.5배 성장세를 보이고 있다. 카카오 쇼핑라이브는 선택과 집중을 통해 방송의 질을 높이는 전략으로 운영 중이다. 이 정도의 성장세라면 무리하게 판매자 참여형 방식의 카카오 쇼핑라이브 버전을 출시하지는 않을 것 같다. 대신 방송의 질을 계속 높여나가는 동시에 소비자의 취향에 맞는 상품 방송을 자동으로 추천하는 등의 개인 맞춤화 시스템을 구축하고 있다.

카카오 쇼핑라이브는 '톡채널', '카카오톡 쇼핑하기', '카카오톡 선물하기'를 통해서도 볼 수 있고, 포털사이트 다음의 '쇼핑' 탭, '카카오톡 샵' 탭에서도 볼 수 있다.

쿠팡 라이브

 이커머스 쇼핑 어플 1위,
쿠팡이 나섰다

2021년 1월, 이커머스 쇼핑 어플 중에서 압도적으로 많은 사용자수를 자랑하는 쿠팡이 쿠팡 라이브를 론칭했다. 쿠팡 라이브 역시 앞에서 이야기한 네이버 쇼핑라이브, 그립과 마찬가지로 판매자 참여형 라이브 커머스 플랫폼이다. 쿠팡 라이브는 마켓플레이스 판매자가 직접 방송해야 한다는 것이 기본이지만 앞서 2020년 12월에 공개한 '쿠팡 라이브 크리에이터' 어플을 통해 누구나 일정 요건만 갖추면 셀러가 되어 방송을 진행할 수 있다. 쿠팡 라이브는 판매자 참여형과 일반인 참여형 두 가지를 모두 갖춘 형태다.

쿠팡에서는 이 어플을 공개하며 벤더vendor와 라이브 커머스 크리에이터가 참여할 수 있는 웹사이트를 열었다. 그리고 이 웹사이트에서 플랫폼의 개요와 향후 쿠팡 라이브를 통한 절차 및 수익 창출 등을 설명하며 참여자를 모으기 시작했다. 현재는 쿠팡 라이브 크리에이터 웹사이트를 통해 벤더 및 크리에이터로 지원이 가능하다.

쿠팡은 쿠팡 라이브를 통해 대다수의 온라인 플랫폼 크리에이터를 이미 보유하고 있는 MCN multi channel network 업체들이 유입될 것이라고 예상하고 있다. 실제로 이미 많은 MCN 업체가 라이브 커머스를 원하는 이커머스 업체에게 쇼호스트(크리에이터)를 연계하고 콘텐츠 마케팅 비즈니스를 제안하고 있다. MCN 업체에게 쿠팡 라이브는 라이브 커머스를 원하는 시청자를 쉽게 접할 수 있는 매개다.

쿠팡 라이브 메인 화면

크리에이터 프로필과 라이브 예고

*출처: 쿠팡 라이브(진화림 제공)

02 쿠팡, 이것만 기억하자

쿠팡에서 쿠팡 라이브를 론칭했다. 라이브 커머스 셀러를 꿈꾸는 이들에게 또 하나의 길이 열린 것이다. 이제 막 시작하는 단계의 플랫폼이다 보니 더욱 꼼꼼하게 살펴야 한다. 함께 알아보자.

크리에이터 소개하기

쿠팡에서는 라이브 커머스 셀러의 명칭을 '크리에이터'로 지칭한다. 쿠팡 라이브 크리에이터가 되면 자신이 직접 라이브 방송에서 판매할 상품을 선택하고 라이브 방송 전반을 준비할 수 있다.

첫 시작은 닉네임과 프로필 사진을 정하고 자기소개를 작성하는 것이다. 각자 자신에게 어울리고 어필하기 좋은 닉네임을 정하면 된다. 그다음은 자기 소개란이다. 특별히 정해진 양식이 없으므로 최대한 자신이 상품 전문가로서 시청자와 소통할 준비가 되어 있음을 각인하는 소개글을 적는다. 자신의 SNS 주소를 알리고 시청자와 가까워지도록 소통 관계를 유지하면 좋다.

방송 예약하기

쿠팡에서 판매하는 무수히 많은 상품 중에 자신이 라이브 방송에서 판매하고 싶은 상품을 선택한다. 자신이 잘 팔 수 있는 상품을 골라야 자신 있게 방송할 수 있다. 나는 아이를 키우는 엄마이자 40대

여성이기에 아무래도 어린이 기초 케어 제품이나 온가족용 보습 케어 제품, 30대 이후에 더욱 필요한 주름·노화 방지 등에 도움이 되는 제품들 위주로 방송 상품을 선택했다.

방송 시간은 30분에서 1시간 정도의 러닝 타임을 추천한다. 그리고 1시간 기준으로 1~5개의 동일 제품군으로 구성해서 방송하는 것을 권한다. 방송 시간을 설정했다면 라이브 방송 소개에 어울리는 커버 사진

쿠팡 라이브 방송 준비 화면

*출처: 쿠팡 라이브

을 업로드하고 방송 제목과 소개글 등을 적는다. 이때도 썸네일이 눈에 띌수록 유입도가 높아진다는 사실을 잊지 말자. 방송 예약을 마치면 방송이 승인되는 것을 확인한 후 설정했던 시간에 맞추어 라이브 방송에 들어간다.

라이브 방송 진행하기

쿠팡 라이브에서의 방송은 그립과 유사한 형태다. 시청자들은 라이브 방송을 시청하면서 실시간으로 소통하고 원한다면 바로 구매 버튼을 누르고 쿠팡 홈페이지에서 기존에 구입하던 방식대로 결제할

수 있다. 기존 쿠팡 회원들은 상품평만으로 긴가민가하던 상품을 직접 보고 느끼고 궁금한 것들은 바로 물어서 소통하기에 더욱 확신을 갖고 상품을 살 수 있다.

쿠팡 라이브 크리에이터 방송 보기

*출처: 진화림

믿을 수 있는 상품 정보가 그래서 중요하다. 사전에 상품에 대한 기본 지식과 방송 중에 실수 없이 진행하기 위해서는 미리 샘플을 사용해 보고 만반의 준비를 하는 것이 좋다.

라이브 방송이 종료되면 바로 총 누적 데이터와 팔로워 수, 라이브 조회수 등을 확인할 수 있다. 크리에이터로서 성장하기를 원한다면 지금 쿠팡 라이브로 들어가보자.

그 밖의 플랫폼들

네이버 쇼핑라이브, 그립, 카카오 쇼핑라이브, 쿠팡 라이브 외에도 많은 라이브 커머스 플랫폼이 있다. 정확하게 구분하자면 라이브 커머스만의 자체 플랫폼을 구축한 곳과 오프라인 유통이나 이커머스 업체가 라이브 커머스 시스템을 도입한 곳으로 나눌 수 있다.

우선 라이브 커머스 전용 플랫폼은 그립, 잼라이브, 소스라이브 정도다. 라이브 커머스 시스템을 도입한 곳은 네이버 스마트스토어, 쿠팡, 위메프, 11번가, 티몬, SSG, 이케아, 홈플러스 등 온·오프라인 유통사들이 많다. 이들 대부분은 라이브 커머스 흐름에 뒤처지지 않도록 간헐적이나마 특별 기획 형태로 방송을 하고 있다.

이때 라이브 방송을 시작하려는 판매자라면 어떤 플랫폼이 판매자 주도로 방송을 하는지 반드시 알고 있어야 한다. 판매자가 직접 주도적으로 방송할 수 있는 판매자 참여형 라이브 커머스 플랫폼은 네이버 쇼핑라이브, 그립, 쿠팡 라이브 정도다.

이제
라이브 커머스
셀러가 대세다

지금은 라이브 커머스
전성시대

01 언택트 문화가 바꾼 쇼핑의 흐름

　코로나19가 아니었으면 쇼핑 문화가 이렇게 급격하게 바뀌지 않았을지도 모른다. '언택트 시대'가 도래하면서 이제 비대면 쇼핑은 선택이 아닌 필수가 되었다.

　아직 우리나라에서 라이브 커머스는 초기 단계지만 이미 중국에서는 몇 년 전부터 정착되어 빠르게 성장 중이다. 아이미디어리서치에서는 중국의 라이브 커머스 시장이 2017년 190억 위안(약 3조 2,000억 원)에서 2020년에는 9,610억 위안(약 165조 원)으로 증가할 것으로 전망했다. 교보증권 리서치 센터에 따르면, 국내 라이브 커머스 시장은 2021년 3조 원 규모에서 2023년 10조 원 규모로 약 3배 이상 가속 성장할 것으로 예상하고 있다.

　또한 국내에서도 앞서 언급했던 것처럼 점차 라이브 커머스에 도전하는 기업과 유통업체들이 늘어나고 있다. 특히 기업에서는 라이브 커머스 전문 상품 기획자, 개발자, 전문 인플루언서 등을 영입해 별도의 전담팀을 구성하고 있기도 하다.

이처럼 라이브 커머스의 판이 커지고 있는 지금, 매출을 좌우할 수 있는 사람이 바로 '라이브 커머스 셀러'다. 라이브 커머스 셀러는 상품 판매 방송 플랫폼을 통해 실시간으로 시청자들과 채팅으로 소통하며 판매를 진행하는 '쌍방향 커뮤니케이션 쇼핑 방송' 진행자다. MD, PD 등이 없이 오롯이 혼자서 1인 방송을 할 수 있다는 점이 라이브 커머스 셀러의 매력이자 역할이다.

02 라이브 커머스에서는 누구나 1인 셀러가 될 수 있다

TV 홈쇼핑의 경우 쇼호스트가 되기 위해 수천 대 일의 경쟁률을 뚫어야 하지만 라이브 커머스는 전문 방송인이 아니어도 누구나 셀러가 될 수 있다. 현재 활발하게 활동하고 있는 라이브 커머스 셀러들을 보면 연예인이나 인플루언서뿐만 아니라 일반 판매자도 많다.

누가 그랬던가? 요즘은 투잡, 쓰리잡을 넘어 'N잡러'들이 엄청나다고. 주변만 둘러봐도 낮에는 직장생활을 하고 퇴근 후에는 라이브 커머스 셀러로 방송하는 이들이 많다. 영세 소상공인이나 자영업자, 일반인, 주부 등 누구나 라이브 커머스 셀러가 될 수 있다.

이제 소비자들이 단순히 상품을 사는 데 그치지 않고 재미있게 소통하면서 사기 직전까지 상품에 대한 다양한 궁금증을 실시간 알아보려고 한다. 그만큼 라이브 커머스 셀러는 상품을 다각도로 이해하고 시청자와 자연스럽게 소통하는 법을 함께 익혀야 한다.

이 책을 통해 라이브 커머스와 라이브 커머스 셀러에 대한 방향을 잡고 실전 노하우를 배운다면 누구나 한 달에 천만 원, 소위 '억대 연봉'의 주인공이 될 수 있다.

먼저 선점하는 사람이
주인공이다

01 생각만 하다가는 늘
누군가의 뒤만 좇게 된다

"아, 그거 내가 생각했던 건데…."

"배달앱 있잖아? 나도 예전에 그 아이디어 생각했는데…."

현재 유행하는 것들을 자신이 예전부터 생각했던 아이디어인 양 말하는 이들이 있다. 자신은 머릿속으로 생각만 하는 데 그친 아이디어를 누군가는 행동으로 옮긴다. 결과는 천지차이다. 생각만 하며 아쉬워하다가는 늘 누군가의 뒤만 좇게 될 뿐이다. 아이디어가 떠오르면 행동으로 옮기자. "시작이 반"이라는 속담도 있지 않은가.

라이브 커머스는 이제 시작이다. 1990년대 중반, TV 홈쇼핑이 출범했을 때를 떠올려보자. 내 손으로 만져 보지도 않은 상품에 상품값부터 치르는 모습을 상상이나 했는가? 지금은 너무도 당연한 일이지만 불과 20여 년 전만 해도 결코 있을 수 없는 일이었다. 이뿐이랴. 당시에는 홈쇼핑 방송 진행자 역시 참 낯선 직업이었다. 그러나 지금은 전문 쇼호스트를 양성하는 아카데미마다 북새통을 이루고, 쇼호스트 공채 경쟁률 또한 매년 높아지고 있다. 한마디로 아무나 할 수 없는 직업이 된 것이다.

그리고 이제는 라이브 커머스 차례다. 아직은 시작 단계이다 보니 누구나 라이브 커머스 무대에 설 수 있는 기회가 많다. 하지만 곧 그 문은 좁아질 것이다. 그때가 오기 전에 준비해야 한다. 남들보다 한 발 앞서 준비하고 실행에 옮기자. 억대 연봉은 더 이상 남의 이야기가 아니다. 라이브 커머스에서 그 기회를 잡자.

우선 내가 팔 수 있는 것이 무엇인지 고민해보자. 누구에게나 팔 거리가 있다. 특히 제조업에 종사하는 사람이라면 무조건 라이브 커머스에 도전해보라고 권하고 싶다. 무형의 상품도 상관없다. 교육업에 종사하던 사람이라면 자신만의 교육 콘텐츠를 만들어보자.

가령 태권도장을 운영하고 있는데 코로나19 때문에 한동안 영업을 못하는 상황에 부딪쳤다고 가정해보자. 이때 '집에서도 쉽게 배울 수 있는 태권도'라든지 '태권도로 한 달에 5킬로그램 감량하는 비법' 등의 콘텐츠를 연구해서 상품화해보는 것은 어떨까?

만약 라이브 커머스로의 접근과 진입이 어려운 분야이거나 상품 소싱이 어려워 망설이고 있다면 전문가에게 도움을 요청하면 된다. 라이브 커머스 셀러로 활동하고 싶다면 우선 이 책으로 방향을 잡고 부족한 부분은 전문가에게 도움을 요청해보자.

02 1인 커머스 시대, 당신도 할 수 있다

나는 아들 친구의 엄마들과 가까이 지낸다. 다들 결혼 전에는 나름의 꿈을 안고 살았는데 아이를 낳아 키우면서 엄마의 역할에 집중하다 보니 이제는 직업을 갖는 것이 엄두가 나지 않는다고 토로한다. 그러면서 "아이가 어느 정도 크면 내 인생을 살아야 할 텐데 뭘 해야 좋을지 모르겠다"며 걱정한다.

나와는 거리가 먼 직업이라고 생각한 셀러, 당신도 할 수 있다. 바로 지금이 적기다. 꾸준히 관심을 가지고 준비한다면 누구든 가능하다. 이미 직업이 있는 이들도 마찬가지다. 더 이상 한 가지 직업만으로 살 수 있는 시대가 아니다. 나 역시 직업이 여러 개다. 쇼호스트로서 방송 활동을 하면서 동시에 대학에서 학생들을 가르친다. 그리고 단계별 스피치 레슨도 진행 중이다. 물론 주부이자 엄마이기도 하다. 예전이라면 "하나라도 제대로 잘해라. 이것저것 겉핥기 하지 말고"라는 핀잔을 들었을지도 모른다. 하지만 세상이 달라졌다. 여러 개를 잘해내는 사람도 많다. 내가 할 수 있는 다양한 직업군을 개발해내야 한다. 그중 라이브 커머스는 당신이 가장 눈여겨봐야 할 분야다. 앞으로 무궁무진하게 발전할 가능성이 크기 때문이다.

이제 1인 판매 방송 커머스의 시대! 누구나 구매자이면서 동시에 판매자가 될 수 있다. 먼저 선점한다면 이 분야의 주인공은 바로 당신이 될 것이다.

TV 홈쇼핑 쇼호스트와는
결이 다르다

01 라이브 커머스와의 첫 만남

　7년간의 해외 생활은 세상을 바라보는 나의 시각을 바꾸어놓은 계기가 되었다. 22년 차 전문 방송인, 대학 교수, 6급 공무원 등 별별 타이틀을 내려놓고 오롯이 엄마로, 주부로 생활하며 느낀 점은 세상에는 다양한 사람도 다양한 직업도 많다는 것이었다. 다시 한국으로 돌아와서는 운 좋게 홈쇼핑 방송을 시작했다. 그런데 2020년에 들어서며 난데없이 코로나19 사태가 벌어져 발목이 묶이게 되었다. 엎친 데 덮친 격으로 다리가 골절되는 사고까지 당해 자유롭게 움직일 수 없는 봄날을 보냈다. 그때 라이브 커머스를 처음 접하게 되었다. 그립을 통해 라이브 커머스 셀러로 활동하게 된 것이다.

　그동안 다양한 직업에 도전하며 세계 각지를 두루 다녀보지 않았다면 고정관념 속에서 섣불리 새로운 세계로 눈을 돌리지 못했을 것이다. 변화에 도전하고 익숙함에 안주하지 않아야 한다는 사실을 깨달았기 때문에 라이브 커머스에도 뛰어들 수 있었다.

02 퍼포먼스와 순발력, 기획력까지! 만능 재주꾼이 되자

TV 홈쇼핑 쇼호스트로 20년 넘게 활동해왔지만 라이브 커머스 셀러로 활동하며 느낀 건 애초에 둘은 '결이 다르다'는 것이다. 상품을 시청자 대신 써보고 정확한 상품 정보를 안내하며 상품을 사고 싶게 만드는 세일즈 전문가가 되어야 하는 것은 TV 홈쇼핑 쇼호스트와 라이브 커머스 셀러가 다르지 않다. 하지만 분명 기존의 TV 홈쇼핑과 라이브 커머스의 설명 방식은 다를 수밖에 없다. 목적은 같아도 과정이 다른 것이다.

TV 홈쇼핑 쇼호스트는 전문적인 방송인의 역량, 전달력과 순발력을 미리 갖춘 상태에서 방송의 전반적인 컨트롤을 해주는 PD와 MD, 그 밖에도 상품 디스플레이어, 전체적인 이미지 메이킹 등을 연출해주는 다양한 인력과 조화를 이루면서 방송한다.

그러나 라이브 커머스 셀러는 1인 다역을 해내야 한다. 자신이 촬영과 주문 관리를 하는 PD이자 상품을 소싱하는 MD이고 모바일 카메라 구도 안에서 상품을 디스플레이해야 하며, 마케팅 대책까지 마련해야 한다. 또한 상품 콘셉트에 맞는 헤어와 메이크업, 의상도 준비하고 연출해야 한다. 그러니 애초에 방송 시작부터 결이 다르다.

TV 홈쇼핑의 경우 다양한 연령층의 고객을 확보하고 있어 비교적 고객층의 범위가 넓은 반면 라이브 커머스는 MZ세대의 비중이 월등히 높다. 두 플랫폼 모두 불특정 다수의 소비자에게 상품을 판매한다는 공통점이 있지만 라이브 커머스는 스마트폰으로 24시간 언제 어디서든 원하는 상품을 보면서 살 수 있다는 점이 다르다.

그동안 TV 홈쇼핑 라이브 방송은 '재핑 효과zapping effect*'를 얻기 위해 공중파나 종편 프로그램의 시작과 종료 시간에 따라 움직였다. 즉, 상품의 디테일이나 중요한 특징을 설명하는 시점을 이때에 맞춰 진행해왔다. 하지만 라이브 커머스는 딱히 재핑 타임이라는 것이 없다. 아니 오히려 매 순간이 재핑 타임이라고 말할 수도 있겠다. 이것도 두 플랫폼의 차이점이다.

라이브 커머스는 방송 시작과 동시에 하단 채팅창에 글이 줄줄이 올라온다. TV 홈쇼핑은 쇼호스트가 볼 수 있도록 자막을 띄워주고 그때그때 상품의 소구 포인트를 프롬프터prompter**로 알려주는데 라이브 커머스 셀러는 오직 실시간 채팅으로 시청자와 소통하며 진행해야 한다.

1인 판매 방송 초반에 내가 선택한 상품은 소불고기, 돈까스, 설렁탕 등의 식품군이었다. 첫 방송을 앞두고 열 살짜리 아들과 아들 친

* 방송 프로그램 시작 전후로 채널을 돌리다가 중간에 있는 채널의 시청률이 높아지는 현상을 말한다.

** 방송에서 출연자의 대사를 미리 적어 출연자가 볼 수 있도록 만든 장치.

구들, 그들의 엄마들까지 불러모았다. 어떤 콘셉트로 방송할까 고민하다가 생각해낸 아이디어였다. 아이들은 음식을 맛있게 먹고 있고, 엄마들은 채팅글을 보며 다양한 이야기를 나누는 '먹방' 형식으로 진행했다. 방송 시간도 라이브 커머스 셀러들 사이에서는 어중간하다고 여기는 오후 4시로 잡았다. 나는 오히려 이 시간이 엄마들이 저녁 식사를 준비하기 전에 여유를 가질 수 있는 때라고 생각했다.

만약 TV 홈쇼핑이었다면 이미 리허설을 통해 완벽하게 모델링과 시연이 가능한 전문 어린이 모델과 엄마 역할의 모델이 등장하겠지만, 우리는 말 그대로 '리얼'이었다. 라이브 커머스에서는 시청자와의 소통이 무엇보다 중요하다는 사실을 알기 때문에 정말 있는 그대로 먹으면서 맛을 표현하는 것이 좋을 것 같다는 생각에서였다.

다행히 이는 적중했다. 팔로우가 전혀 없던 상황이었음에도 첫 방송부터 대박을 기록했다. 그립에서는 이전에 찾아볼 수 없었던 '꼬마들과 동네 엄마들의 수다 퍼포먼스'를 가장 먼저 시작한 그리퍼가 되었다. 이러한 퍼포먼스 역시 라이브 커머스 셀러의 역할이다.

기본적인 방송인으로서의 자질과 더불어 상품을 돋보이게 하는 다양한 퍼포먼스 기획력, 실시간으로 시청자들과 소통이 가능한 순발력, 여기에 더해 매출을 올리는 신뢰감 있는 설득력까지 갖춘다면 성공적인 라이브 커머스 셀러로서 자리매김할 수 있다.

라이브 커머스를
연습무대로 착각하지 마라

01 연습은 방송 전까지다

　빠른 속도로 성장하고 있는 라이브 커머스 덕에 쇼호스트 아카데미도 덩달아 바빠졌다. TV 홈쇼핑 쇼호스트의 경쟁률은 보통 몇천대 일이다. 그렇다고 매년 선발하는 것도 아니어서 쇼호스트 아카데미마다 수강생들의 진출 방향에 대한 걱정이 많았다. 이때 코로나19로 비대면 쇼핑 시장이 급성장하면서 봇물 터지듯 이곳저곳에서 라이브 커머스 셀러로 수강생들을 섭외하겠다는 연락이 오고 있다.

　방송 경력이 오래된 쇼호스트들은 출연료가 비싸다 보니 쇼호스트 교육을 받았거나 방송 경험이 많지 않은 초보 방송인을 대거 투입하는 상황이 되었다. 그런데 이들이 라이브 커머스 시장으로 들어오면서 라이브 커머스가 마치 연습 무대가 되는 경우가 많아졌다.

　나는 내 방송이 없을 때면 종종 다른 라이브 방송에도 들어가본다.

젊은 감각을 가진 어린 셀러들이 어떻게 방송을 진행하는지 궁금해서다.

어느 날 보리굴비를 판매하는 방송에 들어가 보았다. 방송 화면에는 달랑 보리굴비 한 팩과 밥 한 공기, 물만 세팅되어 있는 것이 보였다. 너무나 무성의한 차림이었다. 과연 시청자가 이 화면을 보고 보리굴비를 살 마음이 생길까, 하는 생각이 들 정도였다. 채팅창에 글이 올라왔다.

"보리굴비 너무 짜지 않아요?"

"맛이 어때요? 솔직하게 표현해주세요."

그러자 셀러가 즉각 대답했다.

"아니요. 하나도 안 짜요! 진짜 맛있어요!"

보리굴비가 어떻게 안 짤 수 있단 말인가? 맛있다고 해야 시청자가 살 테니까 그런 말이 나왔는지도 모른다. 아니면 애초에 보리굴비라는 상품을 어떻게 판매해야 하는지 이해하지 못했기 때문인지도 모른다. 연이어 채팅창에 글이 올라왔다.

"냄새 안 나요? 비린내 날 거 같은데?"

그러자 이번에도 긴가민가 하는 의심스러운 답변이 이어졌다.

"아니요. 냄새 전혀 안 나요. 맛있어요."

그러더니 혼자 멋쩍은 듯이 웃으며 이렇게 말했다.

"사실 제가 지금 쇼호스트 준비생이거든요. 중간에 실수하는 모습을 보이더라도 예쁘게 봐주세요."

나는 내 귀를 의심하지 않을 수 없었다. 지금 방송을 보면서 누군가는 지갑을 열 생각을 하고 있을 텐데, 연습무대라니? 이것은 엄연히 실전이다. 제품을 소싱해서 판매하는 업체 중에 판매 방송을 마치 연습무대로 생각하는 셀러에게 자사의 상품을 맡기고 싶어 하는 데는 단 한 곳도 없을 것이다. 라이브 커머스를 TV 홈쇼핑 쇼호스트가 되기 전에 잠깐 거치는 연습무대쯤으로 착각하지 마라. 연습은 방송 전까지다.

02 자신만의 색깔을 갖추고 프로답게 준비하자

라이브 커머스 플랫폼에서는 전문 셀러 외 회사원, 소상공인, 주부 등 일반인도 누구나 셀러로 활동할 수 있다. 그러다 보니 가끔은 다소 어설프고 미숙한 태도로 방송에 임하는 이들이 있다.

한번은 옷가게에서 사장과 점원이 함께 진행하는 방송을 보게 되었다. 그들은 화면에 비치는 자신들의 모습이 어색한 듯했다. 방송 내내 "아우, 어색해", "뭐라고?", "크크크" 하며 그들만의 대화와 농담을 섞어가며 어색함을 털어내려 무진장 애쓰고 있었다. 하지만 그들이 판매하는 옷을 보려고 라이브 방송을 시청하는 고객의 입장에서는 아무런 의미가 없는 웃음소리와 어색한 농담만 듣게 되는 꼴이었다. 방송을 통해 상품을 팔겠다는 생각이라면 그에 걸맞은 전문가의 자세로 고객에게 믿음과 신뢰를 주어야 한다.

라이브 커머스 시장에는 자신만의 색깔로 철저히 프로답게 방송에 임하는 셀러들도 많다. 이 세계 역시 치열한 경쟁의 현장임에는 틀림이 없다. 그 속에서 나를 믿고 찾는 단골과 팔로워를 늘리려면 철저하게 준비하는 수밖에 없다. 틈나는 대로 다른 셀러가 진행하는 방송을 벤치마킹하고 내가 진행했던 방송도 모니터링하면서 단점을 찾아내 계속 보완해나가자. 다시 한 번 말하지만 연습은 방송이 시작되기 전까지다.

인성이 곧 실력이다

01 셀러의 인성이 매출을 좌우한다

방송을 보다 보면 채팅창에 별별 글이 다 올라온다. 셀러가 "이 등 갈비는 전자레인지에 5분만 돌리면 끝! 집에서 간편하게 바로 해드실 수 있어요. 홈 레스토랑이 따로 없죠?"라고 하자 그때부터 채팅창에 시비조의 글이 올라오기 시작한다.

"맛없으면 어쩔 건데요?"

"어디가 홈 레스토랑이라는 거지?"

"엄청 맛없어보이는데요?"

셀러의 표정이 단숨에 어두워진다. 그럼에도 애써 방송을 이어가고 있는데, "맛이 있냐고요, 없냐고요?" 하며 계속 딴지를 거는 시청자와 이를 방어하는 다른 시청자가 채팅창에서 설전을 벌인다.

"엉뚱한 소리 그만하고 나가시죠?"

"내가 왜 나가요?"

"당신 때문에 방송을 제대로 못 보겠거든요."

"너나 나가시죠."

"너라니요? 내가 당신 친구야?"

난리도 이런 난리가 없다. 당황한 셀러는 방송을 진행하는 내내 채팅창을 애써 못본 척하며 어두운 표정으로 방송을 이어간다.

이럴 때 어떤 셀러는 자신의 불쾌함을 고스란히 표출해버린다.

"그만하시죠."

"아니, 아니. 왜 그러실까?"

반말에 말 끊기에, 다양한 형태로 기분이 언짢다는 것을 드러낸다. 상품을 사려고 방송에 들어온 다른 시청자마저 그런 상황을 지켜보기가 불편해지자 그만 나가버리고 만다.

라이브 방송에서는 실시간으로 시청자와 소통을 하다 보니 종종 이처럼 무례한 행동에도 대응해야 하는 경우가 발생한다. 이럴 때 어떻게 유연하게 대처하는지도 결국 라이브 커머스 셀러의 능력에 달려 있다. 셀러의 표정과 대처법, 대화 기술이 방송 분위기를 좌우하고 이는 곧 매출로 직결되기 때문이다.

02 시청자는 당신의 친구가 아니다

셀러가 순간적으로 불쾌한 기분을 자제하지 못하여 평소 사용하던 비속어나 은어를 툭 내뱉는 본연의 모습을 그대로 내비치기도 한다. '인성'이 고스란히 드러나는 순간이다. 대본 없이 진행하는 라이브 방송을 하다 보면 말을 쏟아내다가 자신의 가치관이 탄로나는 경우가 있다. 특히 시청자와 친근하게 소통하려는 마음이 지나쳐 반말로 방송을 진행하는 셀러가 있는데, 반말은 삼가는 것이 좋다.

라이브 방송에 입장한 시청자는 절대 내 친구가 아니다. 편하고 친근한 느낌을 주고 싶은 태도는 유지하되 말은 예의를 갖춰서 해야 한다. 기본적인 언어 매너를 지키며 방송하는 것도 셀러의 기본적인 자질이자 인성이다.

이 책을 함께 쓴 이종석 대표가 항상 하는 말이 있다.

"그 많은 셀러 중에 인성 좋은 사람만이 오래 함께할 수 있더라고요. 정확한 시간 약속, 방송에서의 기본적인 예의, 시청자에게 보이는 신뢰 등을 잘 지킬 수 있느냐는 인성에서 비롯되는 것 같아요. 당장 매출이 나오지 않더라도 결국 이런 셀러가 성과를 냅니다."

당연한 말이다. 라이브 커머스는 혼자서 모든 것을 감당해야 하는 프로의 세계다. 방송 준비 단계부터 방송 중 발생하는 다양한 돌발 상황에도 의연하게 대처할 수 있는 인성을 갖추어야 한다. 시청자에 대한 예의와 신뢰를 바탕으로 방송을 하다 보면 오래도록 사랑받는 셀러가 될 수 있을 것이다.

셀러의 자격

01 '아무 말 대잔치'는 곤란해!

TV 홈쇼핑의 경우는 많은 인력이 하나의 방송을 하기 위해 각자의 역할을 수행한다. 또한 쇼호스트는 방송을 진행하는 중에 이어피스earpiece나 프롬프터를 통해 주의사항을 실시간으로 확인할 수 있다. 하지만 라이브 커머스는 셀러가 모든 것을 미리 준비한 다음 시작해야 하므로 더욱 철저하게 살펴보고 점검해야 한다. 그런데 간혹 '대강 준비해도 물건만 잘 팔면 되지' 하는 안일한 생각으로 방송 환경을 허술하게 꾸며놓거나 판매할 상품이 어떤 상품인지 제대로 숙지하지 않은 채 방송을 진행하는 셀러가 있다.

한번은 돼지막창을 판매하는 셀러의 방송을 보았다. 그는 방송 시작과 동시에 돼지막창을 포장 비닐에서 꺼내 불판 위에 올려두었다. 그런데 아직 해동이 안 되었는지 꽝꽝 얼어붙은 막창 덩어리가 불판 위에 내동댕이쳐졌다.

"어, 웬일! 해동이 안 되었네요. 여러분, 해동될 때까지 우리 채팅으로 이야기해요."

라이브 방송은 보통 한 시간 정도 진행되곤 하는데, 어느 세월에 자연 해동이 될 줄 알고 하는 말인지 당황스러웠다. 그 와중에 채팅 창에 글이 올라왔다.

"언니, 그거 소곱창이에요?"

"네, 맞아요."

이를 어쩐다? 분명 라이브 방송 제목에는 버젓이 "냄새 없이 구워 드세요! 돼지막창, 이 가격 실화?"라고 적어놓고서는 소곱창이 맞냐는 질문에 그렇다고 대답하다니…. 그러더니 방송 20여 분을 남겨두고서야 겨우 해동이 된 돼지막창을 구워 먹으며 연신 "빨리 사세요!"라는 말만 외쳐댔다. 결국 방송이 끝날 때까지 돼지막창이 소곱창으로 둔갑해버린 말실수를 정정하지 않았다.

라이브 커머스는 TV 홈쇼핑처럼 심의가 까다롭지 않아 멘트 좀 실수한다고 해서 이를 정정해달라는 요구가 덜하다. 그러다 보니 마구잡이식 멘트를 내뱉기 일쑤다. 표현 수위나 방법이 자유롭다는 이유로 '아무 말 대잔치'가 곳곳에서 이어지고 있다.

앞의 셀러처럼 자신이 판매하는 상품이 돼지막창인지 소막창인지도 분간을 못한다면 아마추어라고 하기 이전에 셀러 자격이 없는 것이다.

02 정보는 정확하게, 준비는 철저하게!

엄격한 방송 심의 규정으로 허용된 멘트만 사용하고 사실에 근거한 상품 설명을 해야 하는 TV 홈쇼핑 방송을 20년 넘게 해온 나도 라이브 커머스를 할 때 실수하지 않으려고 부단히 노력한다. 그럼에도 불구하고 실시간 채팅을 통해 올라오는 시청자의 질문을 확인하지 못하는 경우가 더러 있다.

한번은 저염식 도시락을 판매하는데 채팅창에 이런 글이 올라왔다.

"이 상품, 해썹 인증 제품인가요?"

아뿔싸! 저염식 도시락이 해썹 인증 제품에 해당하는지 방송 전에 미처 체크하지 못한 상황이었다.

일반적으로 해썹을 의무적으로 적용해야 하는 품목은 빙과류, 냉동 수산식품(어류, 연체류, 조미가공품), 냉동식품(피자류, 만두류, 면류), 어묵류, 비가열 음료, 레토르트 식품, 배추김치 등이다.

어떻게 답변을 해야 할지 잠깐 고민했다. 경험상 비슷한 유형의 제품들이 대부분 해썹 인증을 받기 때문에 이 상품 역시 그럴 것이라고 추측은 했다. 그러나 정확한 확인이 필요했다. 시청자의 입장에서는 보다 안전하고 믿을 수 있는 식품을 사고 싶은 마음에 물어보지 않았겠는가.

"그럼요, 당연히 인증받은 제품이죠!"

이렇게 임기응변으로 넘긴 다음 사실이 아님이 밝혀져도 셀러는 큰 제제를 받지 않는다. 하지만 나는 프로는 달라야 한다고 생각했다.

"자, 이런 식품류는 대부분 해썹 인증 마크를 가지고 있어요. 그런데 아직 이 제품이 인증을 받았는지는 확인을 못했는데 방송이 끝나기 전까지 확인해서 알려드릴게요!"

나는 집에서 방송을 할 때는 옆에 가족 중 한 명을 대기하게 한다. 지금처럼 실시간으로 올라오는 시청자의 문의를 바로 확인할 수 있도록 하기 위해서다. 이때도 대기하고 있던 가족이 바로 확인을 해주었다.

"역시! 해썹 인증을 받은 안전한 먹거리네요! 확인하셨죠? 오늘 매력적인 가격까지 더하면 정말 기분 좋게 살 수 있는 날이에요!"

시청자가 셀러가 모르는 것을 물어보면 정확한 정보를 찾아서 알려주어야 한다. 어떠한 경우에도 얼렁뚱땅 넘겨서는 안 된다. 돌발적인 질문에 당황하지 않으려면 상품 정보를 더욱 꼼꼼하게 익히고 철저하게 준비한 후에 방송하자. 그게 바로 프로다운 셀러다.

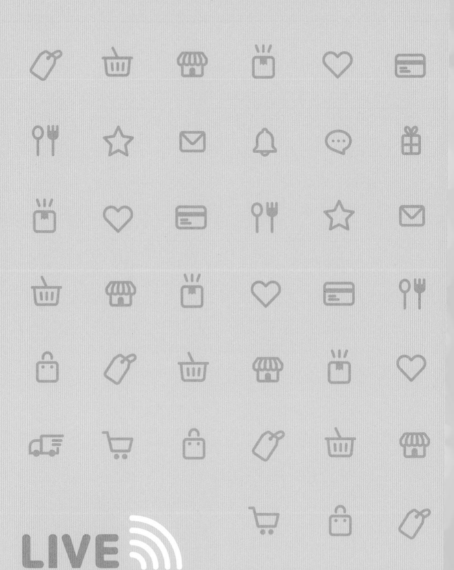

센스 있는 라이브 커머스 셀러가 되는 10가지 비법

소구 포인트만 잘 잡아도 매출이 오른다

어떤 사람은 무조건 저렴한 상품을 원하고 어떤 사람은 가격이 비싸더라도 디자인이 예쁜 상품에 만족해하고, 어떤 사람은 친환경적인 상품을 고집한다. 이토록 다양한 고객을 어떻게 사로잡겠는가?

우선은 기본적인 소구 포인트를 잘 잡아야 하는데, 상품마다 설득하는 포인트가 모두 다르다. 어떤 상품은 저렴한 가격을 강조하는 '가격 매력성 소구'를, 어떤 상품은 방송 종료 임박과 판매 기회의 희소성을 강조하는 '기회 희소성 소구'를 했을 때 잘 팔린다. 또 이 상품을 구입함으로써 나 혹은 주변 사람 모두가 행복할 수 있으며 유익한 가치를 실현한다는 '긍정적 가치 소구'가 필요한 상품군도 있다. 그리고 자신의 경험을 녹여낸 스토리텔링을 활용한 소구 포인트가 설득력을 높이기도 한다. 이렇게 다양한 소구 포인트를 활용해 매출을 늘리는 전략을 짜야 한다.

기본적으로 한 상품마다 2~3가지의 소구 포인트를 잡고 우선순위를 정하는 것이 좋다. 예를 들어 14,900원짜리 '볶음밥 도시락 세트 여섯 팩'인 상품이 있다고 하자. 이런 저가의 식품류 방송에서는 '가격 매력성 소구'와 '긍정적 가치 소구'가 적절히 조화를 이루어야 한다.

가격 매력성 소구	긍정적 가치 소구
• 편의점 도시락 가격과의 비교 • 외식비 절감 • 1인 가족 식사비 절감 • 물가 비교	• 2천 원대 영양소 골고루 잡아주는 식단 • 한 끼 식사로 든든함을 채워줌 • 메뉴 고민을 덜어주는 다양한 메뉴 • 간편하게 데워먹을 수 있음

이 두 가지 소구 포인트를 활용해 멘트를 정리해보면 이렇다.

가격 매력성 소구

"요즘 편의점에서 파는 도시락들 얼마인지 아시나요? 기본이 4~5천 원이더라고요. 김밥 한 줄 가격으로 맛있고 알찬 볶음밥 도시락 드셔보실래요? 6팩이 오늘 라이브 중에 14,900원! 한 팩당 가격이 2,500원꼴이에요."

"2천 원대 볶음밥이라니 상상이 되세요? 볶음밥 만들려면 그 안에 들어가는 재료 구입비만 해도 상당하잖아요? 이제 다양한 볶음밥을 2천 원대에 드실 수 있어요."

긍정적 가치 소구

"자취하는 분들은 조리도구 없이 간편하게 드실 수 있는 메뉴가 필요하시죠?
이 상품은 전자레인지에 5분이면 끝! 전자레인지도 없다고요? 걱정하지 마세
요. 끓는 물에 넣었다 빼서 드셔도 되거든요. 너무 쉽죠?"

"아이들이 볶음밥 좋아하죠? 오늘은 야채, 내일은 햄, 그다음 날은 고기 볶음밥!
엄마의 수고를 덜어드릴게요. 아이는 맛있어서 행복하고 엄마는 힘 안 들여서
기분 좋은 볶음밥 세트, 식사가 기다려지실 거예요."

고가의 상품군은 '기회 희소성 소구'와 '긍정적 가치 소구', 여기에
스토리텔링까지 더하면 좋다. '물걸레와 진공 청소가 동시에 되는 셀
프 스탠딩형 무선 청소기가 라이브 중에만 148,000원! 라이브 종료
후에는 298,000원!' 같은 식이다.

기회 희소성 소구

"어머, 라이브 종료까지 10분 남았네요. 이후에는 298,000원으로 훌쩍 가격
이 오릅니다. 10분 안에 결정하시는 것이 좋겠네요."

"진공에 물걸레까지 다 되는 무선 청소기를 10만 원대에 구입하기란 쉽지 않
아요. 특히 이 브랜드 청소기라면 말이죠."

긍정적 가치 소구

"틈새 브러시까지 장착하니까 청소기 하나로 차 안의 아이들 과자 부스러기 청소까지 말끔하게 되잖아요? 이제 차 안에서 아이들이 마음 놓고 실컷 과자 먹게 해주세요."

"저는 로봇 청소기, 물걸레 닦기용 밀대, 찍찍이 등 청소도구 없는 것이 없어요. 요즘은 집에 청소기가 없어서 또 사는 게 아니잖아요. 외출하실 땐 로봇 청소기 쓰시고요. 집에서 내가, 남편이 청소할 땐 이것으로 깔끔하게 청소해보세요. 진짜 청소 제대로 했다는 기분 드실 거예요."

가격 매력성 소구와 긍정적 가치 소구

"요즘 집들이 선물이나 결혼 축하 선물로 정말 제격이에요. 라이브 중에 10만 원대에 구입해서 20만 원 후반대의 선물을 하는 거니까 받는 사람도 주는 사람도 너무 기분 좋죠."

스토리텔링

"친정 가면 아직도 배 불룩한 유선 청소기 끌고 이 방 저 방 다니시는 엄마 볼 때마다 편하게 사용할 만한 청소기 장만해드려야겠다고 생각했거든요."

상품을 방송하기 전에 이 상품은 어떤 소구 포인트를 활용해야 고객의 마음을 사로잡을 수 있을지 전략을 세워야 한다. 무조건 '사세요!', '좋아요', '지금 빨리요'를 외친다고 해서 소비자가 선뜻 사지는 않을 것이다.

시청자에게 선택받는 라이브 커머스 셀러로서 거듭나기 위해서는 '나라면 어떨 때 사고 싶을까?' 하는 구매 심리를 계속 고민하고 되물어봐야 한다. 가장 기본적인 소구 포인트만 잘 잡아도 매출 단위가 달라지므로.

소통은 과하지도
모자라지도 않게

01 제 말이 안 들리나요?

라이브 커머스의 가장 큰 특징은 바로 '실시간 소통'이다. 라이브 방송 중에 시청자가 입장하면 "○○○ 님 들어오셨습니다"라는 문구가 뜬다. 물론 아주 잠깐 들어왔다가 나가는 경우도 많다. 셀러들은 그 순간마저 놓칠세라 얼른 인사를 건넨다.

"안녕하세요, ○○○ 님!"

"반가워요, ○○○ 님!"

기분 좋은 인사는 곧 소통의 시작이다. 처음에는 방송을 진행하는 중간 중간 입장하는 모든 시청자에게 인사를 해야 하나, 상품을 설명하다가 맥이 끊기지 않을까 고민했다. 무엇보다 상품을 설명하다가 계속 채팅창을 확인하면서 자연스럽게 시청자들과 소통하는 일이 생각보다 쉽지 않았다. 그러다가 내가 다른 라이브 방송에 시청자로 들어가 보니 소통이 왜 중요한지 확실하게 느낄 수 있었다.

치즈를 파는 방송이었다. 다양한 종류 중에서 무슨 맛을 골라야 하나 고민하던 참이었다. 그런데 셀러는 계속 "다 맛있어요", "이것도 맛있고 저것도 맛있네요", "맛있어요, 맛있어요" 하며 그저 맛있다는 말만 반복하고 있었다. 종류가 다양하니 분명 맛의 차이가 있을 텐데 무조건 다 맛있다고만 하니 답답한 마음이 들었다. 채팅창에도 비슷한 글들이 재차 올라왔다.

"어떤 종류가 가장 맛있어요? 우선순위를 알려주세요."

"덜 짜고 우리 입맛에 맞는 치즈는 어떤 거예요?"

"아이가 먹기 좋은 치즈는 뭐예요?"

그러나 셀러는 채팅창의 글을 못 본 건지 안 보는 건지 혼자 열심히 치즈를 꺼내 먹으며 계속 맛있다는 말만 반복할 뿐이었다. 이처럼 라이브 방송을 보다 보면 '너희들은 글을 올려라. 난 내가 계획한 방송 콘셉트대로 그냥 쭉 갈 테니까!'를 외치는 '소통 불통형' 셀러를 만날 때가 있다.

소통이 매력인 라이브 커머스에서 소통을 전혀 하지 않는 방송은 시청자에게 외면을 당하기 쉽다. 정말 사려고 묻는 시청자도 있고, 셀러와 소통하고 싶어서 이것저것 묻는 시청자도 있고, 지금 당장 사지는 않더라도 기분 좋게 친구와 이야기를 나누는 느낌을 받고자 들어오는 시청자도 있다. 그게 라이브 커머스니까.

특히 요즘 쇼핑 문화는 '리뷰 문화'라고 할 만큼 리뷰가 중요하다. 온라인 쇼핑이 주를 이루다 보니 구매 욕구가 생기는 상품은 '구매 후기'나 '리뷰'에 중점을 두고 살펴본다. 나도 역시 구매자 입장이 될 때는 리뷰에 많이 좌우되는 편이다. 좋다는 평이 많거나 디테일한 리뷰가 적힌 상품일수록 신뢰가 가니까 말이다. 실제로 라이브 방송 중에 가장 많이 질문하는 주제가 리뷰에 관한 것이다.

"지난번 방송 때 사서 드신 분은 어떻다고 해요?"

"맛있대요?"

"○○○ 님, 드셔보셨어요?"

"써보셨어요?"

"효과가 있었어요?"

그런데 간혹 이런 질문에 이렇게 무질러 대답하는 셀러가 있다.

"아니, 그런 걸 왜 물어요?"

"지금 사서 직접 드셔보시면(사용해보시면) 되죠."

시청자의 입장에서는 사기 전에 신뢰와 확신을 얻기 위해 묻는 것이다. 그런데 셀러는 방송의 흐름이 끊긴다고 생각하는 건지 어이없는 답변을 하는 경우가 있다. 이런 셀러는 고객에게 외면받는다는 것을 기억하자.

02 과도한 소통은 독이다

한편 채팅글을 보며 소통하느라 정작 상품 정보를 설명할 때는 맥이 끊기는 '소통 과다형'도 있다. 이 유형은 라이브 커머스 초보 셀러들에게서 자주 보인다. 아직 마음의 여유가 없다 보니 오히려 소통에 너무 치중하게 된다. 그러다 보면 상품에 대한 설명이나 궁금증은 방송이 한참 지나서야 이야기해주는 상황이 발생한다. 한창 유행했던 콜라겐젤리 판매 방송에 투입된 한 초보 라이브 커머스 셀러를 모니터링한 저이 있다.

"안녕하세요. 콜라겐 요즘 열풍이죠? 저희 엄마가 갱년기시라… 아! ○○○ 님, 들어오셨네요? 안녕하세요, ○○○ 님… 안녕하세요…, 안녕하세요…."

방송에 들어온 시청자의 이름을 살피다가 시작부터 멘트를 잊은 듯했다.

"음… 제가 뭐라고 했죠? 하하하… 어! ○○○ 님, 들어오셨네요. 반가워요…."

인사만 하다 5분 이상이 흘러버렸다. 그 사이에 입장한 시청자라면 무조건 나가버린다. 어떤 상품인지 알고 싶어 들어왔다가 별 흥미를 못 느끼면 바로 나가는 것이 라이브 커머스다. 라이브 커머스의 특징인 실시간 소통은 시청자에게 친근하고 가깝게 다가갈 수 있다는 점에서 장점으로 작용하기도 하나 한편으로는 상품 설명할 때 맥을 끊을 수도 있어 단점이 되기도 한다. 다음은 소통을 적절히 잘하는 방법들이다.

짧게 한 문장씩 상품을 설명한 후 소통하는 연습을 해보자
채팅창에 글을 올리는 시청자는 실시간으로 바로 자신의 글에 답해

주기를 원한다. 그런데 계속 올라오는 글을 무시하고 상품 설명이나 소구만 한다면 그들은 바로 퇴장할 것이다. 이때 소구 포인트를 간결하게 한 문장으로 끝낸 다음 댓글을 보며 소통하는 연습을 해보자.

"콜라겐은 만 25세 이후 급격하게 감소된다는 사실 아시죠? ○○○ 님, 들어오셨네요! 반갑습니다. 콜라겐은 누구나 드셔야 해요. ○○○ 님, 안녕하세요! 콜라겐 드시고 계세요?"

이렇듯 이야기의 흐름을 자연스럽게 이어가면서 채팅글을 읽는 연습을 하려면 상품을 설명하는 문장이 짧을수록 좋다.

접속자가 많으면 한꺼번에 확실하게 소통해주자

"와우! 많은 분들이 관심을 갖고 들어오시네요. 너무 반갑습니다. 그럼 오늘 판매할 상품을 간단하게 정리부터 할게요. 설명 중에 궁금하신 건 바로바로 채팅창에 올려주세요."

방송을 진행하는 사람이 깔끔하게 정리하고 시작하면 시청자들은 우선 귀기울여 들어보려고 한다.

당황할 때는 잠시 멈추자

생방송이다 보니 당황스러운 질문이나 미처 예상하지 못한 글이 채팅창에 올라오면 순간 생각이 안 나거나 뭐라고 해야 할지 고민하느라 재빨리 대응을 못하는 경우가 있다. 그럴 때는 평소 버릇이 튀어나오기 마련이다. 평상시에 불필요한 조사를 많이 사용했다면 "아… 음… 그러니까… 어, 아니… 뭐더라… 에…" 하는 식이다. 그땐

밝은 표정과 동시에 잠시 멈춤pause의 시간을 가지도록 하자. 습관은 쉽게 고쳐지지 않는다. 따라서 자신의 방송을 모니터링하면서 필요 없는 조사를 자꾸 사용하는 것 같다면 입을 닫고 표정으로 얘기해보자. 멘트를 잠시 멈춘다고 해서 방송사고가 나는 것은 아니다. 몇 번 신경 써서 말하다 보면 어느 순간 자연스럽게 고쳐진다.

과유불급! 적당하게 소통하자. 기분 좋은 소통은 시청자의 마음을 사게 되고, 시청자의 마음을 얻어야 파워셀러가 될 수 있다.

타깃팅도 전략이다

01 발상을 전환하라

누구에게, 어디에서, 어떻게 상품을 판매하느냐에 따라 매출이 결정되듯이 라이브 커머스도 마찬가지다. 타깃팅도 전략이다. 내가 방송 전에 상품을 앞에 두고 항상 하는 고민이 '누구를 대상으로 팔 것인가', '어떻게 소통할 것인가'다. 상품마다 한정된 타깃을 공략해야 잘 팔리는 상품이 있고, 생각의 전환으로 광범하게 타깃을 이야기함으로써 설득되는 상품이 있다.

'콜라겐젤리' 하면 '여성', 그중에서도 '나이 많은', '갱년기' 같은 단어가 떠오른다. 라이브 커머스의 주 고객층이 MZ세대라는 것을 감안한다면 메인 멘트로 "어머니 사드리세요", "효도하세요"라고 해야 한다.

하지만 나는 콜라겐젤리의 타깃이 남녀노소 모두라고 생각했다.

몸속에 있는 단백질인 콜라겐은 누구에게나 필요한 물질이다. 콜라겐은 만 25세부터 그 양이 급격하게 감소하기 때문에 먹는 걸로든 바르는 걸로든 채워주는 게 좋다. 콜라겐이 피부의 세포와 연관이 있다 보니 콜라겐이 잘 생성되는 젊은 사람들의 피부가 탄력 있고 뽀송뽀송한 것이다. 나이가 들면 콜라겐 생성이 잘 되지 않기 때문에 결국 주름이나 노화와 연관을 짓게 되고, 그러다 보니 타깃을 '나이', '주름', '노화', '갱년기'에 해당하는 '여성'에 국한하곤 한다. 이때 한정된 타깃을 상대로 방송하면 여기에 해당하지 않는 시청자는 자신과 관련 없는 상품으로 생각하고 외면해버린다. 여기서 다양한 시청자를 잡으려면 타깃을 정확하게 설정하고 그에 맞는 멘트를 해야 한다.

"콜라겐은 단백질이죠? 누구나 드셔야 합니다. 매일 멀티비타민 챙겨 드시듯이 드세요. 피부와 피부 사이, 연골 사이, 뼈 사이사이에 콜라겐이 있어요. 그런데 만 25세만 지나도 급격하게 감소한단 말이죠. 채워주셔야 합니다."

"콜라겐이 연세 있는 여성만을 위한 것이 아니에요. 누구나 드셔야 하는 겁니다. 아직도 콜라겐을 안 챙겨 드신다면 오늘 꼭 권해드립니다. 특히 이 상품은 젤리 형태라 먹기도 너무 편해요. 또 직접 먹는 거니까 흡수가 훨씬 잘되겠죠."

"남성도 역시 드셔야죠. 여성분 몸속에만 콜라겐이 있나요?"

"다들 피부에 신경 많이 쓰시죠. 피부 관리 비용으로 한 달에 얼마나 쓰세요? 만만치 않죠? 하루 500원으로 내 속을 건강하게 채워보세요. 몸속에 콜라겐이 채워지면 피부가 살아나는 겁니다."

02 상품을 구매하려는 시청자의 니즈를 정확히 짚어주자

　유·아동 상품군의 타깃은 정확히 '엄마'다. 타깃은 알겠는데 막상 아이를 키워보지 않고서는 경험에서 묻어나오는 적절한 소구 포인트를 잡기가 어렵다.

　결혼 전, 홈쇼핑 방송에서 한 유명한 이불 압축백을 판매했을 때의 일이다. '정리', '공간 활용'이라는 확실한 소구 포인트가 있었지만 그 당시 살림과는 거리가 먼 나에게는 너무도 어렵기만 한 방송이었다. 그런데 결혼하고 집안일을 조금씩 해보면서 '이래서 공간 활용이 중요하구나!', '정리할 때 이런 압축백이 있으면 좋겠다'를 체감하게 되었다. 이처럼 상품을 사려는 타깃 시청자의 니즈를 정확히 짚어주는 것이 중요하다.

　다시 유·아동 상품군으로 돌아와보자. 한번은 어린이 LED 칫솔을 라이브 커머스에서 판매하게 되었다. 그런데 칫솔 한 개 가격이 29,000원대였다. 전동 칫솔도 아니고 그저 LED 불이 나오는 칫솔 하나에 거의 3만 원 가까이 하다니, 비싼 칫솔이었다. 같은 플랫폼에서 방송하는 셀러 중에서 나 혼자만 그 상품을 선택했다. 만약 어른용 칫솔이었으면 선택하지 않았을 것이다. 그러나 아이를 키우는 엄마 입장에서 생각해보니 아이를 위한 상품이라면 다소 가격이 비싸더라도 충분히 살 수 있겠다고 판단했다.

이때는 광범위한 타깃보다 정확하게 엄마들을 겨냥한 소구를 해야 한다. 아이를 키우는 엄마는 아이 칫솔을 고를 때 어떤 부분에 동요할까?

- 아이들은 유난히 이가 잘 썩는다.
- 아이들은 치과를 무서워한다.
- 치과에 한 번 갈 때마다 비용이 어마어마하게 든다.
- 아이들은 이 닦기를 싫어한다. 즐겁게 이를 닦을 수 있으면 좋겠다.
- 아이 스스로 하루 3번, 3분 이상 이 닦는 습관을 키워주고 싶다.
- 칫솔모가 아이 이와 잇몸에 자극적이지 않았으면 좋겠다.
- 성분 좋은 저불소 치약을 사고 싶다.

이런 니즈를 생각해보고 나 역시 내 아이가 어릴 때 유명하다는 유럽의 한 브랜드 칫솔과 치약까지 사다 썼다는 경험을 더해 엄마들과 소통했다. 시청자들은 채팅창에서 서로 정보를 주고받으며 아이의 이 닦는 습관에 대해 이야기를 나누었다. 사실 엄마 입장에서 내 아이를 위한 것들은 가격보다 품질이 우선이다. 내 아이에게 도움이 된다면 가격을 따지지 않는 게 엄마 마음이니까.

"○○○ 님, 아이 치카치카 잘해요? 우리 아들은 하루 3번 지키기도 힘들어요. 이 LED 칫솔은 3분 동안 꺼지질 않아요. 불빛이 입안에서 도니까 신기해서 불빛이 꺼질 때까지 열심히 닦아요."

"아이 충치 생기면 병원 갈 때마다 엄마는 진을 빼죠? 울고불고…

치과에 한 번 가면 비용도 만만치 않아요. 우리 아이가 치과에 덜 가는 현명한 방법! 아이 스스로 하는 습관만 잘 들이면 충치 예방에 도움이 됩니다.”

“세 살 버릇 여든까지 간다고 하죠? 아기 때부터 하루 3번, 3분의 양치 습관! 오늘부터 이 LED 칫솔로 해보세요!”

“가격이 다소 비싸다고 느끼시죠? 그런데 이 칫솔은 1년 동안 AS가 가능해요. 이 말 들으니 칫솔값 한다고 느껴지시죠?”

“초극세사의 칫솔모가 무려 4개나 함께 들어 있어요. 일반 칫솔도 한 달에 한 번씩 바꿔주어야 해요. 그거 다 따지면 사실 29,000원이라는 가격이 전혀 비싸다고 느껴지지 않으실 거예요.”

방송 준비 전, 반드시 상품을 앞에 두고 타깃을 고민하자. 타깃의 범위를 어떻게 설정하느냐에 따라 나와 소통하는 시청자의 수가 달라질 것이다.

쇼핑에 재미를 더하는
나만의 퍼포먼스를 연출한다

01 라이브 커머스에는 정답이 없다

처음 라이브 커머스를 시작했을 당시 나는 열 살짜리 아들과 아들의 친구들과 함께 천연 망고 아이스바를 판매하는 방송을 진행했다. 그 전까지는 라이브 커머스에서 아이들이 등장한 경우가 없었기에 방송 전까지는 '부산스러울 것이다', '아이들이 라이브 중에 통제가 안 될 텐데 제대로 방송이 가능하겠느냐', '조용히 먹방식으로 방송해라' 등 우려 섞인 말들을 많이 들었다.

우려와 달리 첫 방송은 성공적이었다. 오후 4시, 아이들의 거침없는 먹방은 나른한 엄마 고객들의 감성을 자극했다. 팔로우 수가 거의 없던 상황에서 방송이 성공할 수 있었던 이유는 상품에 맞는 퍼포먼스가 잘 맞아떨어졌기 때문이다. 더 달라고 조르는 모습, 입가에는 노란 망고즙이 묻어 있는 모습, 앞에선 떠들며 왔다갔다 하는 모습까지

동네 꼬마들과 함께한 '천연 망고아이스바' 퍼포먼스 방송

*출처: 그립

방송을 보는 시청자들의 눈에는 귀여운 내 아이를 보는 느낌이었나 보다.

"저렇게 잘 먹는 거 보니 맛있나 봐요. 우리 아이들 사줘야겠어요."

"과일 싫어하는 애들도 아이스크림이라고 생각하고 잘 먹겠네요."

"귀여워요."

"정신은 좀 없지만 그 어떤 방송보다 기분이 좋아지는 방송이네요."

이렇듯 라이브 커머스에는 정답이 없다. 자신만의 퍼포먼스를 기획해서 '아, 이 셀러!' 하면 바로 떠오를 수 있게 한다면 계속 찾는 단골 고객, 즉 '찐' 팬이 늘어날 것이다.

쇼핑에 재미와 신뢰를 더하다

'세일러문'이라는 콘셉트로 방송을 진행하는 개그맨 문천식의 경우를 보자. 첫 방송 때는 별다른 닉네임이 없었다. 다른 연예인들이 그렇듯 자신의 이름을 내세워 '개그맨 문천식'이라는 타이틀로 일반적인 홈쇼핑처럼 방송을 진행했다.

그런데 몇 회 후에 '물건 파는 문 씨'라는 의미를 담아 '세일러문'이라는 닉네임으로 바꾸고는 세일러문 코스튬을 한 채 방송을 진행했다. 처음에는 여자 코스튬을 한 차림새가 웃겨서 방송을 시청했는데

세일러문 퍼포먼스로 방송하는 개그맨 문천식

*출처: 그립

보면 볼수록 닉네임과 딱 맞아떨어지는 이미지 메이킹에 프로다운 면모가 느껴졌다. 게다가 신뢰감을 주는 목소리와 시청자에 대한 친절한 소통 덕분에 우스꽝스럽다는 생각은 전혀 들지 않았다.

곱창 판매 방송을 할 때는 공간을 실내 포차 느낌으로 꾸민 점도 인상적이었고 옆에서 말없이 곱창을 굽는 게스트도 흥미로웠다. 상품에 대한 흥미와 궁금증을 계속 유발하는 방송이었다. 물론 매출도 상상 이상으로 좋았다는 후문이 돌았다. 문천식의 세일러문 퍼포먼스는 쇼핑에 재미를 더하는 라이브 커머스의 아주 좋은 예다.

한편 현장에서 바로 상품을 보여주면서 방송하는 셀러도 있다. 전문 스튜디오나 집이 아닌 과수원이나 농장에서 바로 수확하는 장면을 라이브로 진행하는 퍼포먼스 역시 시청자들에게 생생하고 역동적인 느낌을 준다. 밀짚모자를 쓰고 타월을 목에 두른 구릿빛 얼굴의 농부가 직접 생산한 과일을 설명해주는데 이보다 더 신뢰를 주는 소통이 어디 있을까.

어디서든 방송을 할 수 있다는 것은 다양한 퍼포먼스를 계획할 수도 있다는 의미다. 무궁무진한 아이디어를 녹여보자. 나만의 기발한 퍼포먼스를 연출하여 쇼핑에 재미와 신뢰를 더한다면 시청자들도 구매를 망설이지 않을 것이다.

매출이 좋은 시간대와
요일은 따로 있다

01 어느 시간대가 가장 매출이 좋을까?

상품마다 타깃이 다르다 보니 어느 시간대에 어떠한 구매층이 많이 유입되는지 파악해야 한다. 다양한 시간대에 방송을 해보니 시간대마다 특징이 다르다는 것을 알 수 있었다.

오후 12시부터 2시까지는 직장인들을 비롯해 20~30대가 방송에 많이 들어온다. 아무래도 직장인이 많다 보니 오전 업무를 마치고 점심식사를 하기 전후에 잠시 짬이 날 때 온라인 쇼핑을 하거나 어떤 새로운 방송이 있는지 궁금해 들어오는 경우가 많다.

오후 4시부터 6시까지는 학원에 간 아이를 데려오려고 기다리며 들어오는 엄마 고객이 주를 이룬다. 보통 엄마들이 잠시 여유를 즐길 수 있는 시간이 집안일 끝내고 커피 한잔할 수 있는 오전 11시쯤과 오후에 아이들 학원 보내놓고 저녁식사를 준비하기 전까지다. 라이브 커머스에서 가장 어중간하다고 보는 이 시간대에 아이들을 위한 간식이나 식품군을 공략해보라. 생각보다 매출을 올릴 수 있다.

저녁 8시 이후부터는 다양한 계층이 유입되기 시작한다. 저녁식사 이후에 각자 스마트폰을 손에 쥐고 여기저기 인터넷 서핑을 한창할 시간이기 때문에 이 시간대는 다양한 상품의 접근이 가능하다.

코로나19가 전 세계를 강타하고 있는 요즘에는 마스크나 손세정제 같은 보호용품도 좋고 계절에 맞는 상품군도 좋다. 이러한 상품을 방송에서 다루기 전에는 항상 날씨나 뉴스를 통해 세상 돌아가는 상황을 확인해야 한다. 자칫 현실과 동떨어진 엉뚱한 소리를 할 수 있기 때문이다. 내가 방송할 상품에 관한 사회적인 이슈는 없는지, 트렌드에는 뒤쳐지지 않는지, 다른 쇼핑몰에서는 어떻게 판매하는지 등을 미리 공부하고 방송하자.

02 어느 요일이 가장 매출이 좋을까?

나는 주로 월요일, 화요일, 일요일을 선호한다. 고객이 원하는 것 중 하나가 '빠른 배송'이다. 내가 산 상품을 하루라도 빨리 받고 싶은 마음이 왜 없겠는가. 채팅창에 많이 올라오는 글도 "언제 배송되나요?", "지금 주문하면 언제 받을 수 있어요?"다.

보통 라이브 방송 중에 주문하면 다음날 발송되는 경우가 많다 보니 일요일에 주문하면 빨라도 화요일에 받는다. 그래서인지 시청자들은 일요일부터 화요일까지 주문하기를 선호한다. 나 역시 온라인으로 쇼핑할 때 가장 피하는 요일이 금, 토다. 주문하고 며칠을 기다리는 것이 싫어서다. 이러한 자신의 경험에 비춰보면 방송 요일을 선택하는 데도 요긴한 도움이 된다. 물론 무조건 매출이 보장되는 날이라는 것은 없다. 다양한 요일, 시간대에 방송을 해보면서 나에게 맞는 시간대와 요일을 선택하는 것이 좋다. 그러려면 반드시 다양한 시간대의 방송을 모니터링해보자. 이때 확인할 사항은 라이브 방송의 시청자 수가 어느 정도인지, 어떤 시간에 유입이 잘 되는지 등이다. 그리고 채팅창을 유심히 살펴보면 해당 방송에 들어온 시청자의 연령대나 성별도 어느 정도 가늠할 수 있다.

이를 토대로 앞으로 방송을 준비하는 상품은 어떤 시간대와 어떤 요일에 잘 팔릴 수 있을 것이라는 가이드를 준비한다. 방송하는 상품마다 대략적인 가이드를 준비해두면 실패할 확률을 점점 줄여나갈 수 있다.

보기 좋은 밥상이
맛있어 보인다

01 풍성하게 세팅하자

플레이팅을 예쁘게 잘하는 친구가 있다. 빵집에서 흔히 볼 수 있는 빵이라도 예쁘게 플레이팅하는 친구 덕분에 브런치 카페에서 우아하게 먹는 기분이 들곤 한다. 그때마다 보기 좋은 밥상이 먹기에도 맛있다는 사실을 깨닫게 된다.

이는 라이브 커머스에서도 마찬가지다. 방송 모니터링을 하다 보면 가장 안타까운 부분이 '상품 세팅'이다. 모바일 환경에 맞춰 세팅해야 하는 라이브 커머스 특성상 화면의 각도에 따라 상품을 잘 배치하면 차림이 아주 풍성해보인다. 그런데 셀러들이 몰라서 그러는지 상관없다고 생각하는지 이 점을 간과할 때가 많다. 예를 들어 비타민 상품을 방송하는데 달랑 한 통만 테이블 위에 올려놓고 진행하거나 이·미용 상품을 판매하면서 한 세트만 놔두고 진행하는 경우를 종종 보게 된다. '여백의 미'는 이럴 때 필요한 것이 아니다.

화면 안에 꽉 차도록 풍성하게 배치하자. 개별 포장된 스틱형의 상품이라면 상자 안에 있는 스틱 제품을 다 꺼내놓는다. 화면 뒤쪽에 빈 상자를 세워두고 스틱은 투명한 유리잔에 꽂아놓거나 잘 보이도록 화면 앞쪽에 고르게 펼쳐놓는다. 훨씬 풍성해보이지 않겠는가. 작은 상자 형태의 상품을 방송할 때 내가 자주 활용하는 방법이다. 스틱 제품을 꽉 채운 한 통의 상자만 화면 앞에 놔두고 진행하는 것보다 시각적으로도 훨씬 있어 보인다. 만약 단품이 아닌 여러 개를 묶어 놓은 구성품이라면 잘 보이도록 앞쪽이나 한쪽에 따로 세팅하는 센스를 발휘해보자.

02 상품을 돋보이게 연출한다

라이브 커머스에서는 화면을 멀리 하면 넓어 보이므로 미리 상품을 세팅해놓고 시청자가 쉽게 구성을 파악할 수 있도록 안내해주면 도움이 된다. 식품 방송을 할 때는 무조건 '먹고 싶다'는 느낌이 들도록 세팅해야 한다. 예를 들어 양념갈비라면 정면에서는 지글지글 굽고 옆에서는 포장된 상품의 신선함을 보여주는 게 좋다.

시청자는 어떻게 먹어야 맛있는지도 궁금해하지만 자신에게 어떤 형태로 배송되어 올지도 궁금해한다. 이왕이면 직접 먹어보거나 활용하는 시연과 배송 상태 그대로의 시연 둘 다를 보여줄 수 있게 세

화면에 꽉 차게 상품을 세팅한 예

*출처: 진화림

팅한다. 그렇다고 해서 너무 산만하게 해서는 안 된다.

상품을 세팅할 때는 배경 색깔과 상품을 놓아두는 진열대의 색깔도 신경 써야 한다. 상품과 비슷한 색이면 상품이 부각되지 않는다. 보통 배경은 깔끔한 흰색이 무난하다. 흰 배경은 어떠한 상품이든 명확하게 보이이도록 만들어준다. 또한 진열대 역시 화이트 계열이나 상품 색과 반대되는 색을 활용하자. 작은 차이가 매출에 영향을 준다는 것을 잊지 말자.

라이브 커머스는 1인 방송이다. 혼자 다양한 역할을 소화해야 하는 만큼 연출력 또한 중요한 역량 중 하나다. 세팅되어 있는 화면만 보아도 이 셀러가 방송을 위해 얼마나 노력했는지 짐작할 수 있다. 하나를 팔더라도 제대로 보여주자.

다양한 게스트를 활용한다

01 상품에 어울리는 게스트를 활용하자

잘 움직이지 않다 보니 '확찐자*'가 되어가는 요즘, 다이어트를 하겠노라고 혼자 등산을 한 적이 있다. 고작 한 시간 코스였는데도 올라가는 길이 어찌나 힘들던지 포기하고 싶었다. 그다음 날에는 아들과 도란도란 이야기를 나누면서 올라갔더니 어제보다 확실히 덜 힘들었다. 마찬가지로 라이브 방송도 혼자 모든 걸 다하기보다는 같이 하면 훨씬 힘이 덜 든다.

라이브 방송을 준비하는 셀러들에게 방송 중에 가장 힘든 점이 무엇이냐고 물어보면 한결같이 '혼자 떠드는 느낌이 들 때'라고 한다. 어떤 때는 댓글이 거의 없고 어떤 때는 댓글이 너무 많아 소통하기

---

* 코로나19 감염 우려로 외출을 자제하면서 집안에서만 생활을 하다 보니 활동량이 급감해 살이 확 찐 사람을 재치있게 이르는 신조어.

버거울 때가 있다. 이때 혼자서 방송을 이끌어가려고 애쓰지 말고 다양한 게스트를 활용해보자.

나는 상품의 특성에 맞는 게스트를 섭외해서 함께 방송을 진행하는 편이다. 아이들이 좋아하는 상품을 방송할 때는 아들과 그의 친구들을 모아놓고 어디로 튈지 모르는 아이들의 돌발 상황까지 방송의 재미로 활용한다. 오히려 엄마 고객들은 이런 모습에 환호한다. 귀엽고 천진난만한 아이들의 모습 덕분에 방송 내내 즐거운 소통이 이어진다.

어른이 좋아하는 곱창이나 술안주에 제격인 상품군 방송에는 남편이 꼭 등장한다. 나는 소위 말하는 '아이 입맛'이라 고기나 곱창, 순대 같은 음식은 잘 먹는 편은 아니다.

이런 이유로 그 식품을 잘 먹는 게스트를 섭외하고 미리 식품에 대한 정보와 후기를 검색한 후에 방송을 시작한다. 내가 즐겨하지 않는 음식이라는 것을 시청자에게 솔직히 털어놓는다. 그리고 최대한 게스트가 맛있게 먹는 모습을 보여주면서 공감 지점을 찾고 소통하려고 애쓴다.

사람마다 식성이 다르기 때문에 방송을 진행하는 사람이 무조건 잘 먹는 식품 위주로만 판매할 이유는 없다. 잘 먹는 게스트를 활용하면 되니까.

게다가 요즘은 '합방'이 유행이지 않은가. 합방이란 '함께 방송한다'는 뜻의 줄임말로 유튜버나 인스타그래머, 라이브 커머스 셀러들이 많이 시도하는 방송 콘셉트다. 자신이 진행하는 상품에 공감하는 셀러가 있다면 함께 방송해보는 것도 시도해보자. 또 여러 분야의 크리에이터들과 함께 진행해보는 것도 추천한다. 타깃에 어울리는 합방 진행자를 찾는 것도 방송의 질을 높이는 방법 중 하나니까.

라이브 커머스 스타들이 점점 늘어나는 지금, 다양한 게스트와 함께 방송을 진행하다 보면 호흡도 알게 되고 주거니 받거니 대화하면서 상품에 관한 전달력 또한 높일 수 있다. 물론 둘만의 잡담식 수다만 떨어대면 방송을 보는 시청자가 불편함을 느낄 수 있으므로 방송 전에 충분히 리허설을 해보면서 호흡을 맞춰봐야 한다.

합방은 서로의 역할을 잘 설정하면 더욱 재미있고 활기차게 방송을 진행할 수 있다. 두 셀러의 팬이 같이 방송에 들어오므로 시청자층 확보에도 도움이 된다. 따라서 자신의 성향과 잘 어울릴 만한 합방 상대가 있는지 다른 진행자의 방송을 눈여겨보자.

02 시청자는 전문가에게 신뢰를 느낀다

방송 수준을 높이려면 홈쇼핑처럼 각 상품에 어울리는 전문가와 함께 방송을 진행하는 것도 좋다. 간호사 출신이자 홈쇼핑 전문 게스트로 오랜 기간 활동해온 박인아와 건강기능식품 방송을 진행한 적이 있다. 확실히 간호사 출신이라는 점이 시청자에게 신뢰를 주었다. 방송 내내 궁금한 의학적 지식을 묻는 댓글들이 많이 올라왔다. 나 혼자 '건강에 좋다', '매일 한 알씩 꼭 챙겨 먹어야 한다'라며 이유를 줄줄이 설명하는 것보다 전문가가 자신의 경험에서 우러나오는 다양한 예를 설명해주니 시청자를 설득하기가 훨씬 쉬웠다.

식품군을 방송할 때는 요리 실력이 좋은 지인을 게스트로 섭외하는 것을 추천한다. 엄마 손맛 자랑하며 대강 눈대중으로 뚝딱뚝딱 재료를 넣는데 근사한 요리를 만들어내는 친정 엄마나 시어머니를 게스트로 섭외하는 것도 신선할 수 있다. 자연스러움이 더 돋보이는 라이브 방송의 성향에도 어울리고 어르신들의 자연스러운 입담까지 가세한다면 정겨움이 더해져 음식이 더 맛있게 느껴질 것이다.

게스트의 얼굴이 굳이 화면에 나와야만 하는 것은 아니다. 게스트가 오히려 진행하는 데 흐름을 깨거나 소통이 어렵다면 '얼굴 없는 게스트'를 적극 추천한다. 채팅이 올라올 때마다 셀러 대신 즉각 답을 달아주거나 화면에서는 볼 수 없지만 목소리 출연으로 방송을 도

다양한 게스트를 활용해 방송하는 모습

*출처: 그립

와준다면 진행의 부담을 덜 수 있다. 처음 방송을 진행하는 셀러라면 이런 형태의 게스트를 활용하는 것도 좋다. 혼자 동분서주하며 갈피를 잡지 못할 때마다 게스트가 방향을 제시해주고 시청자와 소통도 해준다면 여유를 가지고 자연스럽게 방송을 진행할 수 있을 것이다.

방송의 형태도, 진행 방식도 모든 것이 자유로운 라이브 커머스 안에서 혼자 우왕좌왕하지 말고 게스트를 활용하자. 함께하면 더 여유롭고 다채로운 방송을 할 수 있다.

돌발 상황에 순발력은 최고,
진솔함은 최선!

01 시청자는 솔직함에 매력을 느낀다

내가 갖고 있는 방송 기기는 미니 삼각대와 카메라를 거치하는 긴 삼각대, 무지향성 미니 마이크*가 전부다. 요즘에야 모바일 기기 거치대가 워낙 다양하지만 내가 구매할 때만 해도 미니 삼각대뿐이었다. 그런데 이게 조금만 무게 중심을 못 잡으면 넘어지기 일쑤다. 한 번은 방송을 진행하는 도중에 문제가 생겼다. 아마 라이브 커머스를 진행해본 이들은 한두 번 했을 법한 실수일 것이다. 순간 당황스러웠지만 얼렁뚱땅 넘어가지 않고 있는 그대로 얘기했다.

"앗! 휴대폰이 넘어졌어요! 바로 세우고 고정할게요, 여러분!"

시청자들은 오히려 아무렇지 않은 듯 "네! 이제 잘 보여요", "괜찮

---

* 특정 방향이 아니라 모든 방향의 소리를 동일하게 받아들이는 마이크.

아요" 하며 격려해주었다. 방송을 진행하다 보면 다양한 돌발 상황이 발생한다. 이때 순발력으로 순간의 위기를 잘 모면하면 오히려 전화위복이 되기도 한다. 그중에서도 최선은 '진솔함'이다. 얼렁뚱땅 넘기려고 해서는 안 된다. 진심을 다해 사과하고 솔직하게 털어놓으며 재빠르게 상황에 대처하는 것이 좋다.

에어 서큘레이터를 판매하는 방송을 할 때다. 심플한 디자인 덕분에 집안 어디에 놓아도 어색함 없이 잘 녹아드는 제품이었다. 높이 조절이 가능해서 활용도가 좋고, 날개가 일곱 개나 되어 타 제품보다 훨씬 시원한 바람을 느낄 수 있었다. 이러한 소구 포인트를 살려 한창 방송을 진행하고 있었다. 그런데 채팅창에 올라온 질문이 순간 나를 당황하게 했다.

"리모컨 보여주세요!"

"리모컨 없어요?"

이 제품에는 리모컨이 없었다. 대신 아날로그 스타일 제품처럼 수동 조절기가 달려 있을 뿐이었다. 순간 '아! 리모컨이 없으면 불편하다고 사지 않을 텐데, 뭐라고 말하나?'라는 생각이 머릿속을 스쳤다. 하지만 얼버무리기보다 오히려 이 점을 부각하기로 마음먹었다.

"요즘 레트로가 유행이죠? 이 모델은 레트로 감성을 그대로 재현했어요. 리모컨 대신 수동으로 돌릴 수 있습니다."

"리모컨 있는 에어 서큘레이터도 켜놓고 한참 있다가 리모컨 어디 있나 못 찾아서 직접 손으로 전원을 끄시잖아요?"

"리모컨이 추가된 모델은 확실히 가격이 비싸요. 에어 서큘레이터를 살 때 가장 먼저 고려해야 하는 것이 무엇인가요? 바람의 시원함, 디자인, 실용도 아닌가요? 게다가 제일 민감한 전기료를 걱정하지 않고 마음껏 사용하실 수 있다면 이 모델 충분히 매력 있지 않은가요? 저렴한 에어 서큘레이터로 냉방비 걱정 덜어주는 효자 아이템인데 리모컨 없다고 망설이실 이유는 없죠!"

"리모컨 없는 것 빼곤 이 모든 편리함에 가격까지 착하니 어때요?"

사실 시청자가 채팅창에 리모컨 유무를 묻지 않았다면 나 역시 리모컨이 없다는 단점을 굳이 언급하지 않았을 것이다. 열 가지 장점이 있어도 한 가지 단점이 훨씬 도드라지는 법이니까. 하지만 짚고 넘어가기로 했다면 솔직하고 확실하게 말해야 한다. 다만 부정적인 어투로 이야기를 한다거나 얼버무리듯이 넘어가면 안 된다.

"아! 하지만 리모컨이 없는데 어쩌죠?"

"다 좋은데 리모컨만 없네요."

'하지만'이나 '~만'이라는 조사는 '단점이 있다'라는 뉘앙스를 풍기기 때문에 시청자는 이 제품을 사지 않겠다는 쪽으로 마음을 굳힐 수 있다. 같은 말이라도 어떻게 표현하느냐에 따라 어감이 다르다. 진솔하되 단정 짓거나 부정적인 느낌을 주지 않도록 유의하자.

02 준비, 준비, 준비만이 살 길이다!

이러한 돌발 상황을 만들지 않기 위해서는 사전에 철저히 준비를 하는 방법밖에 없다. 홈쇼핑 방송을 20년 넘게 해온 나도 라이브 커머스를 하기 전에 혼자 큐시트cue sheet를 만든다. 내가 알아보기 좋은 키워드를 활용해서 방송 중간에 확인할 수 있는 작은 메모를 만들어 녹화하는 스마트폰 아래쪽에 놓아두고 마치 프롬프터를 보듯이 자연스레 흐름을 잡는다. 1시간가량 진행되는 방송 중에 시청자들이 연이어 들어온다는 것을 감안해 5~10분 단위로 나누어서 반복 설명하는 것이 좋다.

기본적으로 간단한 오프닝 멘트, 상품 구성 소개, 소구 포인트 한두 가지, 시연, 가격 등을 상품에 따라 우선순위를 변경해가면서 짧고 반복적으로 진행한다. 예를 들어 돈가스와 새우가스의 판매 방송이라고 가정해보자.

큐시트 예

#오프닝 멘트
요즘 삼시 세끼 아이들 밥반찬 뭐 해주세요?
돌아서면 밥 때고 애들 입맛에 맞는 메뉴 찾기 참 쉽지 않죠?
아이들 좋아하는 돈가스와 새우가스!
엄마는 기름 불 앞에서 튀기지 않으셔도 됩니다.

#상품 구성 소개
돈가스 6팩 / 새우가스 6팩을 각각 구입 가능하시구요.
두 가지 다 구입하실 수도 있습니다.

#가격 혜택

라이브 중에만 혜택 있습니다.

무료배송에 2천 원 더 할인된 가격으로 구입하실 수 있어요.

(개당 가격을 소구하면서 일반 돈가스 가게에서 먹는 가격과 비교)

#소구 포인트

코로나19 때문에 아이들이 집안에만 있다 보니

더더욱 먹을거리로 많이 고민되시죠? (사회적 이슈를 활용한 공감대)

매일 뭘 먹이나 고민인 분들, 냉동실에 돈가스랑 생선가스 쟁여두면

한결 마음이 가볍습니다.

게다가 더 이상 뜨겁게 기름 튀는 불 앞에서 튀기지 않아도 됩니다.

(튀겨 나온 간편한 식품 강조)

맛은 막 튀긴 돈가스랑 생선가스와 똑같아요.

맛과 건강까지 다 생각한 '튀겨 나온 돈가스와 생선가스!'

전자레인지에 3분만 돌리면 끝!

#시연

간단하게 전자레인지에 돌리는 모습 / 아이들이 맛있게 먹는 모습/

엄마의 편한 모습 / 식품을 활용한 몇 가지 세팅 요리

#가격, 구성 반복 멘트

위의 큐시트는 이해를 돕기 위한 것이다. 실제 방송을 할 때는 큐시트에 키워드만 적어놓고 문장을 자연스럽게 만들어가면서 진행한

다. 방송 중간에 '잠깐만요', '찾아볼게요'라는 멘트를 하면서 실시간 검색하는 셀러도 간혹 보인다. 물론 정해진 규칙이 없는 라이브 커머스에서 잘못이라고 할 수는 없다. 하지만 상품을 판매하는 셀러가 사전 준비를 철저히 할수록 믿고 신뢰하는 고객이 많아진다는 걸 알아두었으면 한다.

얼마 전 유튜브를 둘러보다가 요새 잘나가는 방송인 두 명이 '살까 말까'라는 제목으로 방송하고 있는 것을 보았다. 그들이 상품을 직접 구입해서 실제 광고한 대로인지 보여주며 '이 상품은 살 가치가 있다', '없다'를 알려주는 콘텐츠였다. 그들은 해외 인포머셜informercial* 광고를 보다가 음식 보관용 덮개를 샀다며 비닐 뚜껑 같은 보관 캡을 선보였다. 광고에서는 분명 이쑤시개 같은 뾰족한 것으로 찔러도 절대 뚫리지 않는다며 강력한 밀폐력과 보관 능력을 갖고 있다고 이야기했다. 그런데 이들이 직접 실험을 해보니 웬걸, 모두 뚫리는 것이 아닌가. 참신하고도 유익한 방송이라는 생각이 들었다.

솔직하게 보여주는 것. 쉽지 않기 때문에 시청자에게 더욱 신뢰를 줄 수 있는 방법이다. 무조건 '좋아요', '맛있어요', '사세요'라는 말보다는 왜 사야 하는지, 뭐가 좋은지, 얼마나 맛있는지를 더하거나 빼는 것 없이 이야기해주자. 분명 그 솔직함 덕분에 시청자들은 당신을 신뢰하게 될 것이다.

---

* 구체적으로 정보를 제공하는 상업광고.

멘트는
단순하고 쉽고 맛있게!

01 핵심만 간단하게 말하자

설명은 단순하게 하자. 상품을 판매할 때 지나치게 자세한 설명은 피하는 것이 좋다. 설명이 길고 복잡하면 시청자는 구매를 결정하는 데 그만큼 많은 시간을 들이게 된다. 정보가 많을수록 오히려 살까 말까 더 고민하게 만든다. 만약 당신이 최신 가전을 샀다고 해보자. 모든 기능을 다 활용하는가?

얼마 전 지인에게 최신형 AI 건조기를 선물받았다. 기능이 아주 다양했다. 설치 기사가 이런 기능이 있고 저런 기능이 있다며 자세하게 알려주었지만 결국 나중에 생각나는 기능은 오로지 자동 모드 하나였다. 결국 그 많은 기능을 다 설명해주어도 사용하는 사람 입장에서는 가장 간단하고 핵심적인 한두 가지 기능에만 집중하게 된다.

방송을 준비할 때 이것도 말해야 할 것 같고 저것도 말해야 할 것

같을 때는 가장 핵심적인 것 한두 가지만 골라 단순화하자. 단순화하라고 해서 중요한 소구점을 생략하라는 의미가 아니다. 거르고 걸러서 가장 보석 같은 메시지만 정확하게 전달하라는 것이다.

얼마 전 모 브랜드의 한 멀티 쿠커가 대란이었다. 요리 좀 한다는 주부의 SNS마다 플레이팅 한편에 놓여 있는 제품이었다. 재료를 한꺼번에 넣고 뚜껑을 닫은 채 버튼을 누르기만 하면 뚝딱 음식이 완성된다고 해서 주부들 사이에서 입소문을 탔다. 그러다 보니 여기저기에서 판매 방송을 진행했다.

홈쇼핑에서도 마찬가지였다. 홈쇼핑을 보고 있으면 사고 싶은 욕구가 생기는 이유는 '맛있는 시연'과 '바로바로 나오는 결과물'로 대리만족이 실현되기 때문이다. 그러나 라이브 커머스는 촬영 공간과 보이는 화면이 한정되어 있기 때문에 상품을 시연하기가 쉽지 않다. 그러다 보니 말을 많이 하게 되는데 상품과 기능에 대한 설명이 과장을 조금 보태서 거의 책 한 권 수준일 정도다. 많은 기능을 보여주는 것이 좋을 것 같지만 그렇지 않다. 가장 핵심적인 한두 가지 특징을 찾는 훈련을 해야 한다.

이 멀티 쿠커의 강점은 많다. "불 앞에 있지 마세요", "쉽게 요리하세요", "힘들게 서서 조리하지 마세요", "원하는 메뉴 무엇이든 재료만 넣고 버튼 하나만 누르면 완성!", "오래 삶고 찌고 고아야 하는 메뉴가 원하는 대로 나와요.", "후기로 평가받는 상품", "써 본 사람들이 극찬", "제품 사후관리까지도 안전하게 믿고 쓰세요" 등등…. 이 많은 소구 중에 어떤 것을 선택할 것인가? 이중 가장 효율적인 한두 가지를 단순하게 반복해서 어필하자. 단순할수록 시청자의 머릿속에 강하게 인식된다.

⑫ 쉬울수록 말이 잘 전달된다

멘트는 쉬울수록 잘 전달된다. 굳이 어려운 영어 단어나 불필요한 외래어를 사용할 이유가 없다. 정말 똑똑한 사람은 자신이 알고 있는 것을 자신의 수준에서 말하는 것이 아니라 알고 싶어 하는 상대방에게 맞춰서 쉽게 전달하는 사람이다. 어려운 사자성어를 남발하는 선생님의 수업이 재미있던가? 선생님은 박학다식해서 우쭐할지 모르지만 학생들한테는 지루하고 따분하기만 한 수업이다. 그러니 방송할 때 유식한 척하는 것은 금물이다.

"목에 두르는 순간 고저스gorgeous하면서 엘레강스elegance한 분위기를 자아낼 겁니다. 올 겨울 투톤two-tone의 플라워flower 패턴pattern 스카프scarf로 럭셔리luxury함을 연출해보세요. 준비된 아더other 컬러까지 만나보시면 다 갖고 싶다는 생각이 물씬 드실 겁니다."

외래어를 많이 사용하면 고급스러운 느낌이 들 거라고 자칫 생각할 수 있는데 절대로 오해다. 쉽게 말하자.

"목에 둘러보세요. 우아하고 멋스럽죠. 올 겨울 두 색상의 꽃무늬 스카프로 화려하게 연출해보세요. 자, 그럼 다른 색깔 보시죠."

촌스러운가? 전혀 그렇지 않다. 언젠가 친한 선배가 툴툴거리며 한 말이 귓가에 맴돈다.

"왜 냄비 색깔을 굳이 화이트 컬러, 블루 컬러, 레드 컬러… 이렇게 말하는 거야? 그냥 흰색, 파랑색, 빨간색이라고 하면 안 돼?"

가장 평범하고 일상적인 말이 제일 편하고 자연스럽게 다가온다.

03 중요한 말일수록 짧고 굵게 하자

쉽게 말하려면 문장이 짧아야 한다. 길수록 집중력이 떨어지고 무슨 말을 하는지 잘 들리지 않게 된다. 단문으로 짧게 말하는 연습을 하자. 짧고 굵게 메시지를 전달하는 것이 효과적이다.

"뜨거운 반응을 보이고 있네요." → "반응이 좋아요."

"건강에 도움을 드릴 수 있습니다." → "건강에 좋아요."

"정말 높은 당도를 자랑하네요." → "참 달아요."

"정말 발림성이 우수하니 주위 많은 지인들이 좋아하시더라고요."
→ "발라보세요. 촉촉해요. 다들 정말 좋아해요."

또한 아무리 좋은 재료여도 양념이 빠지면 아무 맛도 나지 않는다. 말에도 양념이 필요하다. 같은 말이라도 맛있게 하자. 말의 강약, 속도를 빠르게 또는 느리게, 음높이의 고저로 변화를 주면서 다채로운 느낌을 살리면 훨씬 맛깔스럽게 표현할 수 있다.

이때 어떤 단어를 사용해야 할지의 고민보다 어떤 느낌과 감정으로 표현할지가 더 중요하다. 같은 말을 해도 어떻게 표현하느냐에 따라 느낌이 다르다. 말의 어조에 따라 감정을 표현해야 말에도 생동감이 넘치고 메시지를 훨씬 성공적으로 전달할 수 있다. 특히 상품을 판매하려면 시청자가 신뢰감을 느낄 수 있고 감정선을 자극할 수 있는 다양한 어조로 표현해야 한다.

나만의 이미지를 디자인하라

방송할 때 중요한 것 중 하나는 몸으로 표현하는 것이다. 몸동작은 말하는 이의 감정이나 정서를 대변한다. 또한 말을 통해 전달되는 내용을 쉽게 이해하게 하거나 강조하는 역할을 하고 듣는 이로 하여금 집중하게 만든다. 비언어적 커뮤니케이션 연구의 대표적 학자 메라비언A. Mehrabian과 버드위스텔R. Birdwhistell 역시 말로 표현하는 것만큼 몸으로 표현하는 것도 중요하다고 말한다. 특히 온몸으로 말할 때 더 강렬하다.

01 표정도 습관이다

표정만으로도 내 이미지가 달라진다. 무표정은 절대 금물이다. 다른 라이브 방송을 보다가 가끔 셀러의 표정에 놀랄 때가 있다. 무표정이거나 마치 화 난 것처럼 굳어 있는 표정을 짓고 있는 이들을 볼 때면 '방송 하기 싫은가?'라는 생각이 들곤 한다. 만약 당신이 옷가게에 들어갔는데 점원이 내내 무표정이나 찌푸린 얼굴로 응대한다면 기분이 어떻겠는가? 그냥 나오고 싶을 것이다. 웃어라. 셀러의 부드러운 미소와 활기찬 표정을 보면 시청자도 덩달아 기분이 좋아진다.

표정도 습관이다. 평소에 잘 웃지 않던 사람이 갑자기 미소를 지으려면 얼마나 어색한가? 좋은 느낌을 주는 셀러로 성공하고 싶다면 평소에 표정 관리를 잘하자.

스마일 표정 만드는 요령

1. 거울을 쳐다본다.
2. 내 눈, 코, 입을 정확히 응시한다.
   (사람은 습관적으로 자신도 모르는 무의식적인 표정을 짓는다. 한쪽 눈만 유난히 치켜뜬다거나, 한쪽 입꼬리만 쳐져있다거나 하는 부분이 느껴진다.)
3. 양 엄지손가락을 양쪽 입꼬리에 갖다 댄다.
4. 최대한 스마일 입 모양을 그리듯이 볼 쪽으로 올린다.
5. 그 상태로 입꼬리를 쥔다.
6. 이대로 30초간 멈춘다.
7. 매일 거울 볼 때마다 반복한다.

'이' 발음으로 입꼬리 올리기

'이' 발음으로 입 모양을 만들어보자. 자연스럽게 윗입술의 입꼬리가 올라가면서 윗니가 보일 것이다. 이때 위의 잇몸이 보여서는 안된다. 윗니가 자연스레 보일 정도로 '이' 발음을 유지해보자. 그때가 가장 자연스럽고 밝은 표정이다. '이' 발음으로 윗니가 자연스럽게 보이도록 유지하면서 꾸준히 연습해보자. 거울을 보면서 연습하면 더 효과적이다.

이~~~~~~~~

기 니 디 리 미 비 시 치 키 티 피 히

얼굴의 근육도 자꾸 움직여야 표정이 자연스러워진다. 자연스러운 미소만으로도 시청자는 기분이 좋아진다. 나아가 신뢰가 쌓인다. 틈틈이 부드러운 표정을 연습하자.

02 시선 처리도 연습이 필요하다

시선이 중요한 이유는 시청자는 보이는 대로 믿기 때문이다. 시선이 불안해보이고 자신감 없어 보이면 상품에 대한 신뢰 역시 떨어지기 마련이다. 말로는 "저는 전혀 떨리지 않아요"라고 하는데 눈동자는 허공을 맴돌거나 부자연스럽게 한 곳만 뚫어져라 응시한다면 보는 사람은 바로 알아차린다.

사실 라이브 커머스를 진행할 때 어려운 것 중 하나가 시선 처리를 어떻게 할지 모르겠다는 것이다. 이때 자신이 방송하고 있는 모바일 화면의 중앙쯤을 응시하는 것이 무난하다. 내 눈의 위치와 비슷하게 기기를 세팅한다. 거리는 50센티미터, 70센티미터, 100센티미터로 점점 거리를 멀리 하며 리허설을 해보자. 만약 자꾸 시선이 흔들린다면 기기의 정중앙에 빨간색 스티커를 붙여두고 그곳에서 눈을 떼지 말자. 처음에는 어색할 뿐만 아니라 눈이 많이 피로할 수 있으나 곧 익숙해진다.

TV 홈쇼핑의 경우에는 작은 점 같은 빨간불이 카메라 위에 켜진다. 쇼호스트는 그 빨간 점을 응시하며 방송을 진행한다. 그러면 화면 상에는 자연스럽게 모니터 밖에 있는 시청자를 보는 것처럼 비친다. 시선 처리는 생각보다 연습이 많이 필요하다.

특히나 평소에도 눈동자만 따로 굴리는 행동은 삼가야 한다. 어떤 사람은 습관적으로 다른 사람을 쳐다볼 때 눈동자를 위아래로 굴린다. 자신은 무심코 한 행동일 테지만 상대방은 굉장히 불쾌감을 느낀다. 또 평소에 상대방과 눈을 마주치는 것을 어려워하는 사람은 상대의 콧볼 정도에 시선을 두는 연습을 해보자. 차츰 익숙해지면 눈동자를 정확하게 보는 연습을 해보자. 시선을 옮겨갈 때는 눈동자만 움직이는 것이 아니라 얼굴 전체가 같이 움직이는 것이 좋다. 눈을 정확히 맞추는 연습이 충분히 되었다면 지금부터 자연스러운 시선 처리를 위한 연습을 해보자.

3등분 시선 분할하기

가장 무난하고 안정적인 시선 처리는 내 눈이 '삼각형 꼭짓점'이라고 생각하고 오른쪽, 정면, 왼쪽으로 3등분한다. 이때 왼쪽에서 시선을 곧바로 오른쪽으로 옮기지 말고 '오른쪽 – 정면 – 왼쪽', '왼쪽 – 정면 – 오른쪽'으로 옮기도록 하자. 그 편이 훨씬 자연스럽다. 또한 얼굴 전체와 몸통까지 시선을 따라가는 것이 좋다. 눈동자나 눈 주변만 옮기다 보면 자칫 예의 없는 표정으로 비칠 수 있다.

아래 그림을 활용해 시선을 분할하는 방법은 주로 서서 진행할 때 동선을 이동하는 과정에서 시도해보면 도움이 된다.

다음은 위에 쓰인 방향대로 응시하면서 연습해보자.

〈정면 시선 보기〉

안녕하세요. / 하이맘입니다.

날씨가 하루가 다르게 추워지고 있어요.

오늘은 요즘 유행하는 / 보글이 후드 집업을 소개해 드릴게요.

〈오른쪽 시선 보기〉

걸려 있는 집업 보세요!

색상이 너무 예쁘죠?

검정, 회색, 흰색

세 가지예요.

〈정면 시선 보기〉

뽀글이 특유의 질감 보여드릴게요.

카메라 가까이서 보여드릴게요.

완전 따뜻해요.

〈왼쪽 시선 보기〉

제 옆의 모델이 입은 모습을 보세요.

키가 168센티미터예요.

엉덩이 살짝 덮는 길이감!

길이가 짧지 않아서 더 따뜻할 겁니다.

앉아서 방송을 진행하는 경우에는 허공이나 먼 산을 보는 듯한 시선 처리는 좋지 않다. 되도록 앞에 녹화 중인 카메라나 모바일 기기에서 시선을 떼지 않아야 자연스럽다. 물론 방송 도중에 상품을 보거나 채팅을 확인하기 위해 시선을 떨어뜨리는 것은 예외다. 그러나 앞에서 말했듯이 눈동자만 내리깔면 기분 나쁜 표정이나 예의 없는 표정이 연출될 수 있으니 반드시 시선 처리에 신경 쓰도록 하자.

🗨️03 추임새도 이미지!
손동작과 제스처에 신경 써라

  라이브 방송을 보다 보면 손동작과 자세가 어정쩡하고 어색한 셀러가 있다. 정작 자신은 인지하지 못한다. 리허설을 해야 하는 이유다. 방송 전에 자신의 자세와 손동작을 영상으로 녹화해서 살펴보자. 만약 당신이 다음과 같은 습관을 가지고 있다면 주의해야 한다.

  • 어깨의 위치가 삐뚤어졌거나 얼굴이 한쪽으로 기울어져 있다.

  • 손가락을 쫙 펴거나 중간 중간 손가락을 까딱거리기도 한다.

  • 눈썹이 말하는 것에 맞추어 요동을 치며 위아래로 움직인다.

  • 손이 제멋대로 움직인다. 손을 유난히 많이 움직인다.

  제스처를 구사할 때는 어깨와 허리 사이에서만 하는 것이 좋다. 또 양쪽 어깨부터 옆으로는 약 30센티미터를 벗어나지 않는 것이 좋다. 이 범위를 벗어나게 되면 산만해보인다. 또 손을 가만히 두지 못한다면 상품을 잡고 있는 것도 좋다. 한 손으로는 상품을 잡고 다른 한 손은 편안한 자세를 취한다. 불필요한 동작은 시청자가 상품에 집중하지 못하게 한다. 이때 손이 화면에 비칠 때를 생각해서 항상 청결하게 관리해야 한다. 손가락만 까딱거리거나 삿대질하듯 가리키면 안 된다. 천천히 정확하게 손동작하는 연습을 하자. 손으로 가리키거나 표현할 때는 팔 전체를 움직인다. 즉, 손동작을 할 때는 어깨와 팔꿈치도 동시에 바깥을 향해 움직여준다.

역동적인 자세와 손동작은 방송에 활력을 불어넣어 준다. 평소에 핸들링(손으로 보여주는 시연)이나 POP 패널 같은 자료를 들 때의 손동작을 많이 연습하자. 가장 쉽게 따라할 수 있는 방법은 TV 홈쇼핑 쇼호스트의 핸들링 장면을 모방하는 것이다. 따라하다 보면 어느새 자연스럽고 익숙해진다. 같은 상품이라도 매너와 이미지가 좋은 판매자에게 더 믿음이 가기 마련이다.

04 상품에 어울리는 옷을 입자

방송을 할 때는 T~time~·P~place~·O~occasion~에 맞는 의상을 선택해야 한다. 말 그대로 시간, 장소, 상황에 알맞은 의상을 입는 것을 의미한다. 실제로 많은 초보 셀러가 문의를 해온다.

"저는 라이브 커머스에서 제 상품을 직접 판매하는 셀러예요. 그런데 아직 방송을 진행해본 적이 없어요. 옷은 무엇을 입어야 하고 헤어스타일은 어떻게 해야 하며 화장은 또 어떻게 해야 하죠? 매일 미용실을 가야 하나요?"

자! 우선 의상은 판매하려는 상품을 보고 결정하자. 식품군이라면 가벼운 원피스에 앞치마를 두르는 것도 좋다. 남성 셀러의 경우에는 면 니트나 셔츠에 면바지가 가장 무난하다. 속이 훤히 들여다보이는 의상은 어떤 상품군에서든 피하는 것이 좋다. 일부러 노출하려는 목적이 아닌 이상 방송 내내 상품 판매보다 자신의 의상에 신경이 곤두서게 될 테니 말이다. 활동하기 편한 옷을 고르되 트레이닝복이나 잠옷 같은 느낌의 의상은 피하자. 시청자에 대한 예의가 아니니까. 물론 다이어트나 운동 관련 상품이라면 상품의 특성에 맞게 트레이닝복으로 연출하는 것은 당연하다.

이·미용군이라면 화려하게 연출해도 좋다. 다만 항상 염두에 두어야 할 점은 주인공이 상품이라는 것이다. 상품을 돋보이게 하면서 진행자 역시 화려해보이면 아무래도 더 예뻐 보이는 효과가 있다. 단, 치렁치렁한 액세서리는 전 상품군에서 자제하기를 권한다. 손동작을 할 때 액세서리나 네일 컬러에 시선이 뺏기면 상품의 정보를 정확하게 전달하지 못할 수 있으니 꼭 기억하자. 정 액세서리로 포인트를 주고 싶다면 '반짝이 이름표'를 만들어보자. 상품을 판매하는 진행자의 이름을 자연스럽게 기억하게 하는 효과가 있어서 판매에도 도움이 된다.

포인트를 준 이름표 예

*출처: 진화림

서서 진행할 때가 많은 생활가전 상품군은 전체적으로 신뢰감이 가는 의상을 선택하길 권한다. 편안해보이는 반 정장 차림도 좋다. 헤어스타일은 남녀 모두 눈을 가리지 않는 깔끔하고 정돈된 느낌으로 연출하자. 의상의 색상 역시 상품과 배경에 맞추기를 권한다.

아래 사진은 몇 년 전부터 인터넷에 떠도는 '쇼호스트 의상 어쩔거니?'라는 제목의 사진이다. 지금도 이 사진을 볼 때마다 웃기면서도 안타까운 마음이 든다. 특히 사진의 주인공이 나와 친한 후배라서 더 그렇다. 배경과 의상의 색이 같아 생긴 해프닝이었다. 배경과 동일한 계열의 의상은 피하도록 하자.

옷 색깔은 대체로 파스텔 톤이 무난하다. 첫인상을 좌우하는 데 의상이 한 몫 한다는 것은 여러분도 잘 알 것이다. 칙칙하고 어두운 계

배경색과 같은 계열의 옷 때문에 벌어진 황당한 모습

*출처: TV 홈쇼핑 전문 게스트, 라이브 커머스 셀러 박인아

열의 의상은 자칫 기분을 쳐지게 할 수도 있다.

시청자를 설득하는 라이브 방송 셀러가 되려고 마음먹었다면 보이
는 외적 이미지 하나에도 신경 쓰는 센스를 발휘하자.

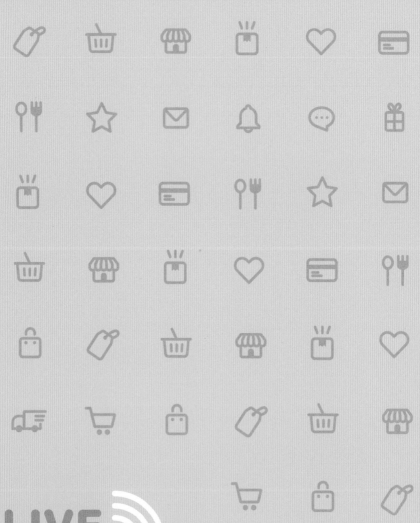

잘 팔리는
라이브 판매
방송은
무엇이 다를까?

잘 팔리는 방송은
이것이 다르다

라이브 커머스 셀러는 상품마다 어떤 부분을 강조해야 더 잘 팔 수 있을지 항상 고민하고 연구해야 한다. 각 상품군마다 신경 써야 하는 부분이나 주의해야 할 사항 등이 다르므로 미리 꼼꼼하게 점검한다면 더욱 시청자를 끌어들이는 방송을 할 수 있다. 다음은 상품군별 방송을 진행하는 요령이다.

 식품

멘트

혹시 기억하는가? 어릴 때 해가 뉘엿뉘엿 질 때쯤 집 앞을 지나가던 트럭의 확성기에서 계란을 사라고 광고하던 그 멘트를 말이다.

"계란이 왔어요, 계란! 싱싱하고 맛있는 계란, 오늘 아침 닭장에서 바로 꺼낸 계란, 한 판에 2천 원! 억수로 쌉니다. 어서와, 어서! 빨리 안 오면 없어요. 계란이 왔어요, 계란!"

물론 지금은 2천 원짜리 계란을 상상도 못하지만 아직까지도 저 멘트가 귓가를 맴도는 이유는 딱 하나다. 계란을 팔기 위한 메시지가 정확하게 잘 담겨 있다는 것! 판매할 상품이 무엇(계란)인지 직관적으로 알려주고 왜 사야 하는지(맛있는, 오늘 아침 닭장에서 바로 꺼낸, 싱싱한) 소구하고 가격(한 판에 2천 원)과 종료 임박 소구(빨리 안 오면 없어요)까지 명확하다. 어떤 이는 이 멘트가 너무 '싼 티' 나지 않느냐고 반문하기도 한다. 물론 누군가는 촌스럽다고도 느낄 수도 있다. 그러나 핵심은 귀에 쏙쏙 들어온다는 것이다.

식품을 판매하는 방송에서는 너무 우아하게 보이려고 애쓸 필요가 없다. 조금 촌스러워도 노골적이고 직설적인 화법이 더 어울릴 때가 많다. 한번은 보리굴비를 판매하는 방송을 했는데 방송이 끝나고 지인한테 연락을 받았다.

"언니! 대학교수에 방송인인데 '대가리'라는 표현을 써도 돼요?"

순간 멈칫했다. '대가리'는 보통 동물의 머리를 말하고 사람의 머리는 '머리'라고 하지 않나. 물론 사람의 머리를 속된 말로 표현할 때 '대가리'라고 하는 경우도 있다 보니 아마도 그 지인은 언니 같은 사람이 왜 그런 속된 표현을 쓰냐는 뜻이었을 것이다. 나는 정확한 표현을 한 것뿐이었는데 말이다.

방송을 하다 보면 우아하게 말하려고 빙빙 돌려 표현하거나 외래어를 남발하다가 자칫 정확한 표현을 놓치는 경우가 있다. 이는 좋지 않다. 가령 "보리굴비 머리가 바삭하네요. 어디 하나 버릴 데 없이 다 먹게 되니, 정말 밥도둑이라는 표현이 손색이 없을 것 같은데요?"보다는 "보리굴비 대가리도 바삭하네요. 다 드세요. 짭조름하니 밥 두세 그릇 뚝딱이에요"처럼 간단하면서 군더더기 없는 멘트로 툭툭 표현해보자. 훨씬 정감 있고 사고 싶은 마음이 커질 것이다. 맛에 대한 표현을 할 때도 마찬가지다. "맛이 예술이네요", "이거 너무 맛있어요", "맛이 끝내줘요" 같은 멘트는 너무 추상적이다. 이러면 '뭐가 다 맛있다는 거지?', '진짜 맛있긴 한 건가?'라며 오히려 반문을 할 수도 있다. 정확하게 짚어주는 것이 좋다.

"이건 어린 아이들이 딱 좋아할 만한 단짠단짠한 맛이에요."

"연세 드신 어르신들이 좋아할 만한 맛이네요. 그렇게 달지 않아요."

"시중에 파는 ○○면의 맛 아시죠? 딱 그맛이라고 보시면 됩니다. 그 정도 맵기예요."

상상만으로도 '아, 이런 맛이겠구나!' 하고 감이 잡히도록 설명해주자. 막연하게 돌려 말하면 안 하느니만 못하다.

시연

식품 방송의 경우에는 식품의 길이나 크기에 따라 핸들링이 달라진다. 예를 들어 장어 방송을 한다고 해보자. 장어의 길이감을 보여주고 싶다면 카메라에서 멀리 떨어져 장어의 온몸이 다 나오도록 들고 설명해준다.

"우아! 제 머리부터 허리까지 오네요! 엄청 길죠!"

이때 상품을 들고 이리저리 흔드는 것보다 윗부분을 들고 가만히 멈춘 상태에서 보여주면 상품이 보다 정확하게 눈에 들어온다. 핸들링의 핵심은 '고정'이다. 시연할 때 화면 안에서 흔들고 왔다갔다하면 정신 사납기만 하다. 멘트나 분위기는 활기차게 하되 시연할 때는 핸들링을 최대한 정적이고 차분하게 또 정확히 보여주어야 한다는 것을 잊지 말아야 한다. 그다음 두께감을 보여주고 싶을 때는 카메라 앞으로 가까이 다가가 한 손으로 장어의 몸통을 잡고 다른 손가락으로 두께를 가리키면서 핸들링하면 시청자들의 이해를 도울 수 있다. 식품을 다룰 때는 카메라 밖의 시청자가 정확하게 알 수 있도록 길이나 두께를 자로 재서 구체적으로 말해주자.

식품군을 시연할 때는 맛있게 굽는 소리, 볶는 소리, 끓는 소리 등 맛있는 소리를 생생하게 들려주자. 보통 '지글지글 굽는 소리'를 들으면 입안에 군침이 돌지 않는가. 특히 굽는 식품일 때는 최대한 마이크를 불판이나 프라이팬 가까이 댄다. 동시에 화면 가까이에 맛있는 먹거리를 갖다 대주면 시청자의 구매욕을 한껏 자극할 수 있다. 등갈비 판매 방송에서 냉동된 등갈비만 덜렁 세팅해놓고 "너무 맛있어요! 드셔보세요", "꿀맛이에요", "술안주로 너무 좋아요", "홈레스토랑이 따로 없네요", "전자레인지에 돌리기만 하면 간편하게 먹을 수 있어요" 같은 말을 한 시간 내내 입으로만 외친다면 과연 몇 명이나 살까? 먹는 상품은 최대한 먹는 모습을 많이 보여줘야 한다. 마치 시청자가 그 음식을 먹는 것 같은 기분을 느끼게 해준다. '먹방'처럼 말이다. 대리만족을 느끼게 해주라는 말이다.

다양한 식품 방송 모습

복장

우아한 드레스 차림보다는 깔끔하고 심플한 의상을 추천한다. 간혹 이·미용 상품 진행에나 어울리는 화려한 의상 때문에 방송 내내 옷에만 눈길이 가는 경우가 있다. 항상 상품에 어울릴 법한 의상과 헤어스타일은 무엇일지 고민하자. 식품 방송에서 셀러가 긴 생머리를 휘날린다면 시청자들은 '저 머리카락이 음식에 들어가면 어쩌지?' 하며 걱정할 것이다. 적어도 식품 방송에서만큼은 위생을 가장 우선적으로 생각한다는 이미지를 보여주자. 헤어스타일도 가급적이면 모두 묶거나 반 정도라도 묶어 깔끔하게 정리하자. 시청자가 다른 부분에 시선을 빼앗겨서는 안 된다. 또 시연할 때 위생장갑을 착용하는 것은 필수다.

중요 포인트

식품군에서 중요한 소구 포인트는 '믿음', '신선함', '건강'이다. 먹는 상품은 믿을 수 있어야 산다. 그렇기 때문에 셀러는 자신이 파는 상품이 믿고 살 수 있는 먹거리라는 것을 확인해주어야 한다. 기관에서 인증받은 사실이 있다면 이를 반드시 강조한다.

"해썹 인증을 받은 상품이에요. 믿고 드실 수 있어요!"

또한 유통기한과 배송 상태까지 꼼꼼하게 확인해주어야 신뢰를 얻을 수 있다. 건강한 먹거리일수록 환영받는다. 불필요한 첨가물이 들어 있는지, 건강에 어떤 도움을 주는지 등을 사전에 확인하자.

02 건강기능식품

멘트

홈쇼핑에서는 까다로운 방송 심의 규제 때문에 멘트 하나도 함부로 할 수가 없다. 심지어 애드리브를 잘못했다가 일정 기간 출연하지 못하는 경우도 있다. 그래서 홈쇼핑 쇼호스트는 주기적으로 심의 교육을 받는다. 이때 가장 주의해야 할 상품군으로 건강기능식품을 꼽는다. 효능, 효과, 기능 등 하나하나를 마치 지뢰밭 건너듯 요리조리 잘 피해서 이야기를 풀어야 한다. 방송 중에 실수를 한 부분이 있다면 그 방송이 끝나기 전에 정정 멘트를 해야 한다.

반면 라이브 커머스는 방송 중에 실수를 해도 가할 수 있는 제재가 마땅히 없기 때문에 홈쇼핑보다 훨씬 직접적이고 노골적인 표현을 많이 사용한다. 그러나 분명 라이브 커머스도 곧 홈쇼핑처럼 심의나 규제가 뒤따를 것이다. 처음부터 할 말 못할 말을 가려서 방송하는 습관을 들이자.

우선 과장된 표현은 삼가는 것이 좋다. 예를 들어 비타민제를 판매하는데 마치 의약 효과가 있는 것처럼 선전하는 것은 금물이다.

"제가 감기에 걸렸거든요? 그런데 이 비타민을 며칠 먹고 나니 낫더라고요!"

마치 지금 판매하는 비타민이 감기 치료제인 양 들릴 수가 있다. 아주 위험한 표현이다.

"며칠째 목도 아프고 코도 맹맹해요. 머리도 지끈지끈하고요. 그럴 때 저는 약 안 먹어요. 지금 보여드리는 비타민 먹습니다. 이 비타민만 먹어도 한결 효과가 있더라고요."

만약 홈쇼핑 방송이었다면 비타민이 만병통치약인 양 표현하고 입증되지 않은 '효과'라는 단어를 사용했을 때 이미 경고 조치가 내려졌을 만한 멘트다. 건강기능식품 방송에서는 셀러가 특히나 화법에 많은 신경을 써야 한다. 정확히 입증되지 않은 검사표나 자료, 의약품에서나 사용 가능한 '효과', '효능'이라는 단어를 함부로 표현하지 않도록 주의한다. 또한 마치 질병을 예방하는 데 도움을 준다는 식의 표현은 무리다. 시청자들은 그 말 한마디에 마치 의약품으로 오인하거나 혼동할 우려가 있기 때문이다. '최고', '특', '가장 좋은', '스페셜' 등의 과장된 표현으로 소비자를 현혹시키는 표현도 지양하자.

중요 포인트

물론 라이브 커머스에서는 썸네일이든 제목이든 자극적이어야 시청자들이 방송으로 유입될 확률이 높다 보니 극단적인 표현을 사용하는 셀러도 있다. 썸네일이나 제목은 시청자에게 보이는 간판과 같은 것이니 어떻게든 내 방송에 문을 두드리고 들어올 수 있도록 강하게 어필하자! 그러나 방송에서는 '누구에게 도움이 되는지(타깃층)', '왜 도움이 되는지(구성 성분)', '왜 먹어야 하는지(건강에 좋은 이유)', '어떻게 먹는 게 좋은지(먹는 방법)', '언제까지 먹을 수 있는지(유통기한)' 등을 고려해 신뢰감 있고 정확한 정보를 제공하자.

03 생활가전

멘트

가전에 대한 설명은 단순할수록 좋다. 생활가전 상품군은 비슷한 상품이 동종 브랜드에서 여럿 출시된다. 내가 판매하려는 상품과 타 상품을 비교하고 분석해서 이 상품만의 강점과 매력을 짚어주자. 단, 이때 비교하는 것은 자사 제품이어야 한다. 동종 상품군 비교가 가능하다고 해서 함부로 타사 제품과 비교하면 안 된다. 시청자 입장에서 '아, 같은 브랜드 제품이어도 이걸 사는 게 훨씬 낫겠네'라는 생각이 들면 되는 것이다. 또 비교하다 보면 내가 이전에 판매했던 제품을 '비하'하는 경우가 발생한다. 스테인리스 재질의 믹서기를 판매할 때

기존에 판매했던 플라스틱 재질의 믹서기와 비교한답시고 "플라스틱 믹서기 오래 쓰면 스크래치 나죠. 그 가루는 누가 다 먹게 될까요?" 같은 멘트는 절대적으로 지양해야 한다. 그 믹서기, 결국 자신이 팔았던 게 아닌가?

가전을 살 때 전기료 때문에 에너지 효율 등급을 따지는 시청자가 많다. 이때 에너지 효율 등급이나 미리 해당 상품을 한 달간 사용해보고 전기가 어느 정도 소모되는지 알려주면 신뢰가 간다. 이뿐만 아니라 먹고 사라지는 제품이 아닌 두고두고 사용하는 이러한 상품군은 '사후관리' 여부도 중요한 포인트다. AS 기간이 설정되어 있는 제품이라면 이 부분도 부각하자. 이왕이면 사후관리가 잘 되는 제품을 사고 싶어 하는 것이 소비자의 마음이다.

"무상 AS 기간이 무려 2년입니다. 사후관리가 아주 철저합니다."

"품질보증서 뒤편에 AS가 가능한 연락처가 기재되어 있으니 사용 중에 불편한 점이 있으면 언제든지 연락주세요."

만약 구매를 망설이던 제품이 사후관리까지 철저하다는 것을 알게 되면 더 고민하지 않는다.

또 기능을 자세하게 설명하자. 만약 믹서기라면 '아주 잘 갈린다'에 포인트를 두고 다양한 시연을 통해 잘 갈리는 모습을 보여준다. 미니 히터가 따뜻하다는 것을 표현하려면 어떤 방법이 좋을까? 아무리 "와! 너무 따뜻해요!" 하며 외쳐봐야 화면 밖의 시청자에게는 크게 와닿지 않는다. 쓰고 있던 털모자 사이로 땀이 나는 모습을 보여준다든지 온도계를 옆에 두고 있다가 히터를 틀기 전후의 온도를 비교해주는 등 고객이 직접적인 변화를 느낄 수 있도록 이야기하는 것이 좋다. 소통이 핵심인 라이브 커머스에서는 시청자에게 간접적으로나마 체험을 하는 듯한 느낌을 주는 것도 중요하다.

"〇〇〇 님의 집에 있는 믹서기는 이렇게 단단한 것도 잘 갈리나요?"

"모터와 칼날의 차이가 이렇게 잘 갈리는 이유예요."

"〇〇〇 님! 매일 아침 신선한 과일과 야채 주스로 시작하신다고요? 그럼 영양소 파괴하지 않고 잘 갈리는 이 제품이 딱이네요."

나 대신 직접 사용해보는 셀러를 통해 내가 구입해서 사용할 때도 똑같이 만족스러운 결과가 나오겠다고 판단하게끔 하자. 방송에서 익숙하게 사용할 수 있도록 연습을 많이 해두는 것이 좋다. 간혹 상품 숙지가 덜 되거나 방송 전까지 한 번도 사용해보지 않아 라이브 중에 허둥대는 셀러가 있다. 내 손에 익을 만큼 연습을 많이 하자.

시연

시연을 할 때는 정확하게 한 가지 용도를 깔끔하게 보여주고 다음 기능을 보여주자. 이 믹서기가 잘 갈린다는 것을 보여주려고 이것저 것 정신없이 갈다 보면 도대체 어떨 때 어떤 기능이 유용한지 분간이 안 되는 경우가 종종 있다. 무른 것부터 딱딱한 것, 야채류부터 과일류 등 시연에도 순서를 정하자. 그래야 상품의 기능을 가늠할 수 있다. 재료마다 갈리는 질감이나 믹싱된 후의 상황을 잘 보여주는 것도 효과적이다. 기존에 사용하던 믹서기와 비교해 시연하는 것도 좋다.

보통 생활가전용품은 현재 없어서 사는 경우보다 지금 내가 갖고 있는 것보다 더 나아보여서 사는 경우가 많으니까 말이다.

방송하느라 바쁘고 정신이 없더라도 정도를 지키자. 믹서기 판매 방송을 보다 보면 잘 갈린 주스를 마시는 것을 보여주려고 믹서기를 통째로 들어서 미시는 *상황*을 연출하는 셀리도 긴혹 눈에 띈다. 아무리 바빠도 컵에 따라서 마시자. 퍼포먼스도 도가 지나치면 안 하는 것만 못하다.

또 예를 들어 '1인 가족 멋들어지게 사는 법'이란 주제를 방송의 콘셉트로 잡았다고 해보자. 오늘 판매할 방송 상품은 레트로 감성의 1인용 히터다. 이 상품 하나로 1시간가량의 방송을 채우기에는 아쉬움이 남는다면 혼자 사는 사람이 누릴 수 있는 다양한 아이템을 의·식·주에 맞게 디스플레이한다. 같은 브랜드의 믹서기와 안마기를 세팅해두고 한편에서는 1인 화로에 꼬치를 굽는다. 또 저염식 도시락을 전자레인지에 금방 데워 함께 맛있게 먹는다. 그 옆에 방금 이야기한 레트로 감성의 미니 히터를 멋스럽게 세팅한다. 그럼 시청자들이 궁금해하지 않겠는가.

"어머, 저건 뭐예요?"

"저 믹서기는 파는 건가요?"

"꼬치 구워 먹고 싶다."

"저염식 도시락 하나면 한 끼 해결되겠어요."

"히터도 여기저기 이동하며 사용할 수 있겠네요."

단순히 히터 하나만 진열해둔 것과는 사뭇 다른 연출로 시청자의 관심을 끌 수 있다. 차후에 방송 예정인 상품과 연관성 있는 아이템을 함께 진행해보자. 라이브 커머스의 가장 큰 장점은 '실시간 소통' 아닌가. 이것을 판매하는데 시청자가 뜬금없이 "저건 뭐예요?" 했을 때 "아, 이 제품에도 관심 있으세요? 그러면 다음에 방송해볼까요?" 와 같은 상황이 얼마든지 가능하다는 말이다. 기존 TV 홈쇼핑에서처럼 판매하듯이 한다면 창의적인 라이브 커머스 셀러가 되기는 어렵다. 새로움에 도전하자. 한 상품을 판매한다 해도 다양한 연결고리를 만들어 즐거움과 정보를 제공하는 새로운 콘텐츠를 연출하면 좋다.

청소기 같은 상품을 시연할 때는 본체 구성과 활용도를 설명할 때, 두 부분의 핸들링에 차이를 둔다. 구성을 설명할 때는 전체의 바디 형태를 천천히 화면에 짚어준다. 길이감이나 바디감을 보여줄 때는 카메라 각도를 멀리해서 전체가 화면에 다 들어오게 한 후에 설명해준다. 이때 상품을 들었다 놨다, 올렸다 내렸다 하지 말고 정지한 상태로 설명한다. 그다음 부분 구성을 설명할 때는 해당 부분만 카메라에 들어오게 설정한다. 상품을 설명하다 보면 자신이 말하는 것에 집중하게 되는데 이때 호흡이 몸에 전달되어서 몸이 들썩인다. 이때 상품을 핸들링하는 손 역시 계속 움직이게 되는데 이러한 부분을 방지하려면 많은 연습이 필요하다.

청소기의 흡입력이나 사용방법을 알려주고자 시연할 때는 먼저 카메라가 정확히 청소기 헤드 부분과 청소할 거리를 잘 보여주고 있는지 확인하자. 시연할 때는 평소보다 더 천천히 움직여야 한다. 그래야 시청자가 청소기가 흡입한 곳과 그렇지 않은 곳을 비교하며 '와! 이

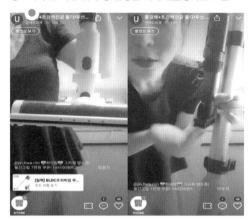

청소기 부분 시연 및 구성 설명을 위해 핸들링하는 모습

*출처: 그립

청소기는 정말 흡입력이 좋네' 하는 것을 느낄 수 있다. 생활용품이나 가전제품군을 방송할 때는 전체에서 부분 그리고 다시 전체의 순으로 시연하는 것을 권한다. 마지막으로 이것 하나만 기억하자. 천천히, 천천히 그리고 정지, 고정!

중요 포인트

생활가전 상품군에서 짚어주어야 하는 중요 포인트는 '브랜드, 구성, 기능, 자사 동종 상품 가격 비교, 전기료 절감, 사후관리(AS) 여부' 등이다. 특히 브랜드는 이 상품을 대변한다. 유명 브랜드의 상품이라면 브랜드 인지도를 계속 강조하자.

"다이○은 많은 분이 무조건 사야겠다고 하는 브랜드죠?"

"여러분이 너무 좋아하는 브랜드의 믹서기!"

"발뮤◯의 토스터기! 나왔다 하면 매진 행렬입니다."

시청자가 선호하는 브랜드의 상품이라면 브랜드의 이름만 잘 짚어주어도 팔린다. 만약 신생 브랜드라면 브랜드의 가치에 대해 신뢰할만한 이유를 이야기해주자. '일등', '원조'를 내세울 만하다면 이 부분도 무조건 강조하자. 다만 정확히 입증이 된 경우에 한해서다. 아무리라이브 커머스는 규제가 덜하다고 해도 확인되지 않은 바를 사실처럼 말하는 것은 결국 신뢰를 잃는 길이다. 특히 안전성과 관련된 이야기를 할 때는 '완전', '전혀', '완벽' 등의 표현은 섣불리 하지 않도록하자.

구성은 정확히 알려주는 것이 좋다. 홈쇼핑 방송에서 구성을 하나하나 분리해서 진열해놓고 설명해주는 이유는 상품을 처음 보는 시청자라면 이 상품이 낯설기 때문이다. 셀러는 준비단계에서 자주 접했으므로 익숙하겠지만 시청자는 여러 개의 단품으로 구성되어 있는상품이라면 한눈에 알기가 어렵다. 정확하게 몇 개가 배송되고 구성은 어떠한지 명확하게 보여준다.

04 패션·잡화

패션·잡화 상품군은 셀러가 직접 입어보고 보여주며 소통해야 하기 때문에 특히나 셀러의 순발력과 진행능력이 요구된다.

16년 차 베테랑 쇼호스트인 김봉희가 패션·잡화 진행의 노하우를 들려주어 많은 도움이 되었다.

멘트

남의 지갑 열기가 세상에서 가장 어려운 일임은 다들 잘 안다. 그래서 더욱 더 소통을 통해 신뢰를 쌓는 것이 필요하다. 특히 패션 상품군에서는 체형 등의 고민거리를 보완할 수 있는 방안을 잘 제시해주고 이 상품이 어떤 도움이 되는지 짚어주자. 나의 고민거리를 공유하며 공감대를 형성하는 것도 좋은 방법이다.

"아, 허벅지 때문에 고민되세요? 그러면 오히려 허벅지가 좀 더 여유 있게 떨어지는 와이드 핏 팬츠가 좋아요. 저는 종아리 알이 있는데 와이드 핏을 입으면 티가 안 나서 좋더라고요."

이때 신경 써야 할 점은 방송 중간에 수시로 시청자가 들어오고 나간다는 점에 유의해 TV 홈쇼핑보다 더 짧은 간격으로 거듭 설명해주어야 한다는 것이다. 일반 상품군을 설명할 때는 평균 7~12분 정도 소요한다면 패션·잡화는 3~6분 정도로 생각하고 간결하게 PT를 해준다. 그 시간 안에 중요한 소구 포인트를 짚어주고 부족한 이야기는 시청자와 소통하며 다시 한 번 풀어가도 좋다.

소구 포인트는 세 가지 정도로 정해 소개한다. 대개 브랜드, 소재, 상품 디테일 등이다. 수시로 시청자가 들어온다는 것을 감안하면 최소한의 기본 소개 정도라고 보면 된다. 가령 소재를 물어보는 시청자가 있다고 하자. 이때 단순히 소재 혼용률만 얘기하기보다는 촉감, 두께, 길이, 품 등 좀 더 상세하게 설명해주는 편이 좋다. 그리고 시청자의 질문에 대답만 하고 끝나는 것처럼 보이지 않도록 알아서 미리미리 사이즈 팁이나 활용도 등을 제시해준다.

또는 내 이야기나 지인 이야기를 적절히 해보자. 우리가 친한 이웃들과 수다를 떨 때 속이 뻥 뚫리고 자꾸 맞장구를 치게 되는 이유가 뭔가? 바로 공감대가 이루어지기 때문이다. 남편 이야기, 아이들 이야기 등 이런저런 내 일상을 공유하다 보면 내 이야기가 자신의 이야기인 듯해서 더 와닿게 된다. 공감 가는 스토리텔링으로 진행한다면 같은 상품이라도 다른 느낌이 들 것이다. 단, 스토리텔링을 할 때는 시청자의 머릿속에 그림이 그려지도록 구체적이고 쉽게 하자.

"저도 애 낳기 전에는 딱 붙는 바지도 불편함 없이 입었어요. 애 낳고 뱃살 잘 빠지세요? 예전에 입던 꽉 끼는 청바지 입을 수 있으세요? 저는 못 입겠더라고요. 너무 불편해요. 지금 보시는 바지는 허리가 밴드 타입이에요. 너무 편해요. 저만 그렇게 느끼는 걸까요? 여러분도 같은 마음이시죠?"

그러잖아도 갈수록 늘어나는 허릿살이 나이 때문인지 출산 때문인지 혼자 이 탓 저 탓하며 속상했는데 셀러가 내 마음을 알아주면 어떻겠는가? '저 바지는 참 편하겠다', '밴드 타입이니까 꽉 끼지 않겠네', '입어 볼까?', '사야겠다'는 생각으로 이어진다.

시연
의류 방송을 진행할 때는 그 의류에 어울리는 신발이나 가방, 스카프 등 '크로스 코디 아이템'을 준비한다. 가방이나 신발 방송을 진행할 때는 그에 맞는 다양한 콘셉트의 의류를 준비하는 것이 좋다. 지금 방송하고 있는 옷이 셀러의 활용 팁을 통해 '아! 저거 한 벌 사면 집에 있는 옷이랑 매치가 가능하겠네!'라는 생각이 들게 하자. 시청자가 사려는 상품과 어울리는 다양한 코디를 보여주면 상품 선택이 훨씬 더 쉬워진다.

중요 포인트

TV 홈쇼핑에서 패션·잡화 상품 방송을 진행하는 쇼호스트들은 대부분 슈퍼모델처럼 키가 크고 늘씬하다. 확실히 키가 작은 쇼호스트가 진행할 때와는 느낌이 다르다. 보통 '옷태'라고 말하는 그 느낌 말이다. 실제로 패션·잡화 상품군에서는 셀러의 외모가 중요한 부분을 차지한다. 이왕이면 키 작은 사람보다는 키가 크고 다리가 긴 사람이 입으면 더 예뻐 보인다. 시청자들은 그 모습을 보고 대리만족을 하며 상품을 사게 된다. 그래서 방송을 보고 산 옷을 반품하는 경우가 종종 있다. 참 어려운 것이 이 상품군이다. 사람마다 신체 사이즈가 다 다르고 같은 55라고 해도 상체, 하체 유형이 전혀 다를 수 있다.

패션·잡화는 특히 소통이 아주 중요하다. 라이브 커머스는 시청자들이 손쉽게 방송에 들어왔다 나갈 수 있다. 그래서 더욱더 그 금 같은 시간을 최고의 순간으로 만들어야 한다. 단순히 상품에 대한 설명을 넘어 인간적인 면모가 느껴지게 한다거나 쇼핑에 재미를 더하는 '쇼퍼shopper'와 '엔터테이너entertainer'의 합성어인 '쇼퍼테이너shopper-tainer'다운 면모를 마음껏 발휘해야 한다. 노래, 랩, 춤, 개그 등 상품을 판매하는 데 도움이 되는 엔터테인먼트 요소를 적절히 가미하면 셀러의 매력이 상승한다.

패션 방송에서는 진행자가 모델 역할을 함께 해주는 것이 좋다. 사람들은 패션 방송 진행자에게서 때론 워너비의 모습을 보고 싶어 한다. 당당하고 자신감 넘치는 나만의 패션 센스를 보여주자.

05 이·미용

쇼호스트 양성 아카데미에서 쇼호스트 지망생들을 가르치며 가장 보람을 느끼는 것은 내가 가르친 학생이 어엿한 프로 쇼호스트로서 활동하는 모습을 지켜볼 때와 나아가 든든한 동료로서 함께 의지하며 발전해나갈 때다. 이·미용 전문 라이브 커머스 셀러이자 에이치앤컴퍼니 대표인 정민아 역시 나의 애제자 중 하나다. 늘 열정적이고 야무진 그녀가 이·미용 상품에 대한 방송 진행 팁을 자주 얘기해주어 이 글을 쓰는 데 많은 도움이 되었다.

멘트

생활 속에서 누구에게나 일어날 법한 상황으로 스토리텔링을 하는 것이 효과적이다. 같은 멘트라도 무조건 "좋아요", "피부가 촉촉해져요"라고 말하는 것보다 공감할 수 있는 이야기를 해야 한다. "날씨가 추워지니 피부가 더 건조해지죠?", "내가 사용하는 파운데이션은 왜 눈가 주름 사이에 뭉치는 걸까요?" 등의 이야기를 꺼내면 시청자는 자신의 일인 양 반응한다.

반대로 이·미용 상품군에서 주의해야 할 멘트가 있다면 사용 전과 후에 달라지는 긍정적인 모습을 극단적으로 드러내는 표현이다. "이 제품 써보시면 "100퍼센트 달라질 수 있어요", "잡티 커버가 완벽해요" 같은 멘트는 새빨간 거짓말이다. 시청자가 더 잘 안다.

셀러에게는 멘트도 중요하지만 재치와 순발력을 겸비한 소통 능력이 필요하다. 시연을 마치고 나면 시청자는 채팅창에 글을 올리며 반응하기 시작한다. 이때 가만히 보고만 있으면 안 된다. 쌍방향 커뮤니케이션이 중요한 순간이다.

라이브 커머스를 막 시작했던 시절의 실수가 기억난다. 그 당시에는 쌍방향 소통이 불가능한 TV 홈쇼핑에 익숙했던 터라 끊임없이 올라오는 채팅에 당혹스러운 질문이 섞여 나오면 얼굴에 감정이 그대로 드러나버렸다. 짓궂은 댓글만 신경 쓰다가 다른 시청자들과는 소통을 제대로 하지 못했다. 지금도 그때를 생각하면 식은 땀이 흐르고 오싹하다.

라이브 커머스는 누구나 방송을 시청할 수 있으며 자유롭게 의견을 이야기할 수 있다. 그런 글쯤은 의연하게 넘길 수 있어야 한다. 방송 경험이 쌓이면 차츰 나아지겠지만, 다른 셀러들의 방송을 보면서 위기 상황에 어떻게 대처하는지 주의 깊게 살펴보는 것도 좋은 방법이다.

이·미용 상품 방송은 시연할 때 어깨선을 드러내야 할 때가 있다.

그러다 보면 채팅창에 간혹 망측한 댓글을 쓰는 사람이 있다. 이를 대비해 채팅방을 관리하는 매니저를 두고 앞과 같은 상황이 벌어졌을 때 바로 제지하는 등의 조치를 취하게 한다. 생방송이다 보니 별별 상황이 다 생긴다. 곤란한 상황을 어떻게 대처할지 지나치게 신경 쓰다가 방송을 망치는 일이 발생하지 않도록 주의하자.

시연

이·미용 상품군은 사용 전과 후의 차이를 통해 '나도 저런 피부를 가질 수 있겠다', '나도 저렇게 예쁘게 색조 표현이 가능하겠다'라는 확신이 들어야 구매로 이어진다. 이 상품은 셀러 자신의 피부에 직접 시연하면 판매가 잘 된다. 특히 기초 화장품을 판매하는 방송이라면 피부가 한결 촉촉해보일 수 있도록 방송 전에 수분 미스트를 뿌리고 들어가자. 미스트로 수분을 충전한 후 시연하면 화면에 촉촉한 피부로 보이는 동시에 매끄럽게 보인다. 얼굴에 직접 시연해야 하는 상품일수록 먼저 셀러 자신의 피부에 신경을 써야 한다. 자신의 피부는 엉망인데 "이 상품 사세요! 피부가 정말 깨끗하고 화사해져요"라고 한다면 믿음이 갈까? 이·미용 상품군을 진행하려면 자기 관리를 통해 시청자에게 신뢰를 줄 수 있어야 한다.

특히 이·미용 상품은 주로 손등에 바르는 핸들링을 많이 한다. 시연할 때 질감을 표현하는 데 가장 좋은 부분이 손등이기 때문이다. 이때는 판매하는 상품을 손등 중앙에 바른 다음 고정된 상태로 화면 앞에서 자세히 보여주는 것이 좋다. 또한 상품의 크기나 용량을 비교해서 보여줄 때는 화면 앞으로 바짝 다가가 손바닥을 배경으로 만들어 그 앞에 상품을 대고 초점을 맞춰 선명하게 보이도록 한다.

얼마 전 쇼호스트를 선발하는 예능 방송을 본 적이 있다. 한 남자 쇼호스트 지망생이 튜브 형태로 된 기능성 화장품을 핸들링하기 위해 뚜껑을 열고 쭉 짜려는데 프로 쇼호스트들이 능숙하게 하던 핸들링과는 사뭇 달랐다. 화장품을 짜는 모습도 어설펐고 제품이 균일하게 손등에 쫙 짜지는 느낌도 없었다. 한마디로 핸들링 실패! 다른 사람이 하는 것을 보면 참 쉬워 보인다. 그런데 막상 내가 하려면 마음처럼 잘 안 되는 것이 제품 핸들링이다. 정확하게 제형감을 보여주고 내 피부에 발랐을 때 달라지는 느낌을 실시간으로 전달하려면 능숙하게 해야 한다. 거울을 보면서 혹은 리허설을 통해 꾸준히 해보는 수밖에 없다.

얼굴에 시연할 때는 얼굴의 각도와 위치를 화면에 어떻게 보여줄지 미리 연습한다. 생각지도 못한 얼굴의 잡티가 눈에 띄면 시청자는 상품보다 그 부분만 자꾸 쳐다보게 된다. 방송 전에 잡티까지 꼼꼼히 점검해서 제거하자.

복장

의상 선택에도 신중을 기하자. 상품의 특성상 시연이나 핸들링하기 좋도록 어깨선이 드러나는 의상을 입어야 한다면 시연 중 민망한 상황이 벌어지지 않도록 미리 의상의 상태를 확인해둔다. 나도 모르게 화면 가까이 몸을 숙이다가 너무 깊게 패인 목선으로 신체 일부가 드러나는 경우도 있기 때문이다. 헤어스타일은 상품을 시연했을 때 효과가 잘 드러나도록 깔끔하게 묶거나 포니테일 스타일로 연출한다. 머리를 푸는 경우에는 얼굴을 가리지 않도록 헤어 제품으로 깔끔하게 고정한다.

중요 포인트

이·미용 상품 진행의 소구 포인트는 '반복'이다. TV 홈쇼핑이나 일반 쇼핑몰은 상품 정보를 잘 읽을 수 있어 가독성이 뛰어나다. 하지만 라이브 커머스 플랫폼은 모바일 기기로 영상을 시청하다 보니 스트리밍 화질이 좋지 않아 잘 보이지 않는 경우가 대부분이다.

식품이나 패션 상품군은 디테일하게 보여주지 않아도 비교적 쉽게 정보를 파악할 수 있다. 그러나 이·미용 상품은 다르다. 발림성, 제형, 피부에 올렸을 때 보이는 광 등을 잘 표현해야 한다. 예를 들어 색조 용품은 발색된 색상이 잘 드러나야 하는데 조명이나 초점 때문에 표현이 어려운 경우가 있다. 그러므로 집이나 실내에서 촬영할 때는 화면에 사용 전후의 모습이 정확하게 표현되는지 반드시 미리 확인해야 한다. 우리가 보통 상품을 직접 보고 사지 않았을 때 배송받은 후 실망하는 이유 중 하나가 '사진에서 보던 것과 달라요', '화면에서 보던 색상이랑 너무 다르네요' 아닌가. 방송 당시의 조명 상태나 화면에 보이는 느낌을 확인해서 실제 색상과 어떠한 차이가 있는지 명확하게 알려준다면 신뢰감 100퍼센트의 셀러가 되는 것은 시간 문제다.

특히 이·미용 상품은 브랜드의 인지도도 중요한 판단 기준이 된다. 만약 판매하는 상품이 인지도 있는 브랜드 제품이라면 신뢰할 수 있는 브랜드라는 것을 소구하면 좋다. 내 피부에, 내 몸에 직접 닿는 제품들은 가격이 저렴하다고 사지 않는다. 믿을 수 있고 그만한 가치가 있는지가 훨씬 중요하다.

06 유·아동 용품

멘트

유·아동 용품이야말로 가격이 저렴하다는 이유만으로 내 아이에게 아무거나 사주는 엄마는 드물다. 가격이 비싸더라도 화학첨가물이 덜 들어가거나 유익한 성분이 가득한 제품을 찾는다. 그래서 방송을 할 때도 이 부분을 정확하고 세심하게 짚어주어야 한다. 막연하게 "아이들 먹기에 좋아요", "아이들 입기에 딱이에요"처럼 말해서는 절대 먹히지 않는다. 왜 먹기 좋은지, 어떻게 사용하면 되는지를 명확하게 알려주어야 한다.

"아이들이 사과맛 주스 좋아하잖아요? 딱 그 맛이에요."

"화학첨가물이 전혀 들어가지 않은 100퍼센트 유기농 제품입니다. 그래서 유통기한이 짧아요."

"남자아이들은 무조건 스파이더맨, 배트맨, 공룡이 그려져 있어야 입는 거 아시죠?"

"순면 100퍼센트예요."

보통의 상품군이라면 가성비가 좋아야 잘 팔리지만 유·아동 용품은 오히려 가격이 너무 저렴하면 덜 팔린다. 엄마 입장에서는 분명 싼 데는 이유가 있을 것이라고 생각할 테니까 말이다. 좋은 품질은 물론이고 내 아이에게 유해한 성분이 없는 상품인데 시중 가격과 비교했을 때 혜택까지 있다면 만족한다. 그러니 "가격이 너무 싸요"를 외치기보다는 성분이나 활용도, 아이에게 왜 유익한지에 중점을 두자. 셀러의 경험담을 공유하며 엄마들과 소통하면서 이 제품을 샀을 때 내 아이에게 어떤 점이 좋은지 솔직하게 이야기해준다.

시연

시연 역시 비유적인 상황보다는 실제 아이들이 사용하거나 먹거나 활용했을 때 어떻더라 하는 생활적 경험을 위주로 보여주는 것이 정확하면서 공감을 얻는다. 그 상품에 맞는 연령대의 아이들에게 직접 먹여보고 입혀보고 사용해보게 하면서 후기를 방송 중에 소통하는 것도 좋다.

비가 오나 눈이 오나 바람이 부나 아이들이 꼭 신는 샌들이 있다. 아마 엄마들이라면 연상되는 신발이 있을 것이다. 이 샌들을 판매하고자 할 때는 아이가 왜 이 샌들을 선호하는지 먼저 파악하자. 윗면에 구멍이 송송 나 있어 겨울에는 발이 시릴 것 같은데도 아이들은 왜 그 샌들만 고집할까? 이 샌들을 산 적이 있는 엄마들에게 물어보니, 신고 벗기에 편하고 발볼도 넉넉한 터라 꽉 끼는 것을 싫어하는 아이들에게는 더없이 편한 신발이라는 것이다. 물에 젖어도 닦아내면 금세 마르고 잘 미끄러지지도 않는다. 한 해에 한 켤레면 충분하다는 이유도 있었다. 물론 '내 아이가 좋아하니까'가 가장 큰 이유겠지만 말이다.

이렇듯 미리 해당 상품을 사서 사용해보고 올린 엄마들의 후기를 녹여내 시연하면 훨씬 자세한 설명을 할 수 있다.

중요 포인트

엄마들이 항상 하는 얘기가 있다.

"너도 꼭 너 같은 자식 낳아서 키워봐라. 그때서야 내 마음 알거다."

정답이다. 나 역시 서른여섯에 결혼해서 서른일곱에 아들을 낳아 키우면서 이 세상에서 가장 어려운 역할이 '엄마'라는 것을 뼈저리게 느끼는 중이다. 결혼 전에는 벽마다 온통 한글, 알파벳, 삐뚤빼뚤 그려진 그림들이 덕지덕지 칠해져 있는 친구 집에 놀러갈 때마다 마음속으로 '나는 결혼해서 아이를 낳아도 절대 저런 것들은 안 붙일 거야'라며 다짐했었다. 모이기만 하면 온통 아이들 이야기만 하는 엄마들 사이에서 '할 말이 저렇게 없나? 나는 절대 그러지 말아야지'라고 생각했고 '왜 자신 SNS에 온통 아이 사진으로 도배하는 거야?'라고 생각하기도 했다.

이해되지 않는 일들이 너무도 많았다. 그런데 이제는 나도 그런 엄마가 되어 있다. 아이를 낳고 키우기 전에는 몰랐던 그 마음을 엄마가 되니 이해하고 공감할 수 있었다. 내 아이에게 해주는 것은 하나도 아깝지 않다. 나밖에 모르고 살던 때가 언제였나 싶을 만큼 내 아이만 보이는 것이 바로 엄마다. 엄마의 입장에서 이해하는 것, 이게 바로 유·아동 용품 방송의 핵심 소구 포인트다.

07 취미용품

멘트

취미와 관련된 상품은 야외에서 진행을 해야 하는 경우가 많다. 이때 신경 써야 하는 부분이 소리다. 주변의 소음, 트럭 행상의 마이크 소리, 오토바이 소리 등 갑자기 발생하는 소리에 대한 준비와 대처가 필요하다. 마이크 없이 진행하는 경우까지 고려해 목소리 톤이나 크기에 대한 연습도 미리 해야 한다. 평소에 기본 발음과 발성 연습을 꾸준히 하면 좋다. 멘트를 할 때 야외라는 이유로 소리를 지르듯이 말하면 자칫 시청자들은 불쾌감을 느낄 수도 있다.

취미용품은 그 상품과 관련된 다양한 취미 활동을 곁들여서 설명해주면 훨씬 이야기가 풍성해진다. 가격적 소구와 더불어 긍정적 가치 소구로 시청자의 마음을 움직여보자.

시연

상품군의 특성상 셀러가 처음 접해보는 경우 시연이 어색할 수 있다. 미리 충분한 연습을 통해 실제 방송에서는 완벽하고 정확하게 보여줘야 한다. 예를 들어 원 터치 텐트를 판매한다고 해보자. 한 번에 텐트가 만들어지는 것이 관건이다. 텐트를 펼쳤는데 한 번에 만들어지지 않는다면 '원 터치'가 아니니까. 익숙해질 때까지 연습을 반복해서 이 같은 상황을 미연에 방지해야 한다. 원 터치로 텐트가 뚝딱 만들어지는 장면을 보여주려면 화면을 멀리서 잡아 전 과정이 한눈에 보일 수 있게 하자.

중요 포인트

요즘은 취미가 돈이 되는 세상이다. 라이브 커머스 시장에서도 캠핑용품, 낚시용품 등 갖가지 취미와 관련된 상품군이 엄청난 매출과 단골을 확보하는 추세다. 이 상품군은 소위 '마니아' 시청자들의 관심이 높다. 그러다 보니 시청자들이 오히려 관련 상품에 대해 셀러보다 더 많이 아는 경우가 있다. 그래서 사전 준비와 리허설을 더 철저히 해야 한다. 갈수록 더욱 인기를 끄는 캠핑용품이나 '차박' 관련 용품을 판매하기로 했다면 직접 야외에 나가 텐트를 쳐보고 장비도 사용해본 후에 방송을 진행하자. 상품 설명서만 훑어보고 방송을 진행한다면 캠핑 마니아는 단번에 눈치를 채버린다. 따라서 취미와 관련된 상품군일수록 직접 경험해보고 상품에 대한 정보를 정확히 숙지해야 방송에서 막힘 없이 설명할 수 있다.

시청자가 때로는 셀러가 잘 모르는 전문 영역의 세부적인 질문까지 할 수도 있다. 이럴 때는 그 상품에 대해 경험이 많은 사람이나 전문가를 게스트로 섭외해서 함께 진행하는 것도 좋다. 실제로 낚시광인 낚시용품 업체 대표가 자신이 직접 잡은 고기를 보여주면서 다양한 낚시 관련 상품을 판매하는 경우도 있다. 그동안의 경험담을 버무려 각 용품에 대해 자세하게 설명해주고 정확한 사용법을 일러주며 공감할 수 있게 소통을 나누는 모습이 진솔해보였다. 셀러가 모든 상품을 다 잘 알 수는 없다. 이때 해당 상품의 전문가와 함께 진행하면 셀러의 부족한 부분을 채워주고 정확한 정보를 전달할 수 있으므로 시청자들에게 믿음을 얻을 수 있다.

라이브 커머스는
어디에서 하는 게 좋을까?

라이브 커머스의 매력 중 하나는 장소에 구애받지 않고 자유롭게 방송할 수 있다는 것이다. 스튜디오나 방송 장비가 모두 갖추어진 곳에서 진행할 수도 있고, 자신의 집이나 자신이 원하는 장소에서 얼마든지 진행할 수 있다. 따라서 장소별로 미리 점검해야 할 사항과 어떤 주의사항이 있는지 살펴보자.

01 실내에서

누군가의 도움을 받지 않아도 혹은 멋들어진 장소가 아니어도 판매하려는 상품을 집이나 조용한 실내에서 셀러 혼자 직접 세팅하고 준비해서 라이브 방송을 진행하는 것은 얼마든지 가능하다. 집에서 방송을 진행하기가 조금 어색할 때도 있지만 한편으로는 거리감 없는 편안한 분위기를 연출할 수 있고, 때로는 집에 있는 생활용품을 활용할 수 있어서 편리할 때도 있다. 예를 들어 변기 속을 청소하는 상품을 판매한다고 해보자. 스튜디오에 변기를 세팅하고 방송하는 것과 직접 우리 집 화장실 변기를 청소하며 방송하는 것 중에 어떤 시연이 효과적일까? 현실적인 공감대가 형성될 때 시청자에게 호응을 얻을 수 있다. 특히 요즘처럼 외부 활동이 어려운 시기에 딱 맞는 언택트 맞춤 방송이 아닌가. 그렇다면 집에서 혹은 실내에서 혼자 어떻게 방송을 준비하고 진행해야 할까?

방송 장비를 준비한다

화사하고 선명한 방송 분위기를 만들려면 조명은 필수다. 집안 조명만으로 가능하다면 굳이 따로 살 필요는 없다. 그다음 촬영용 모바일 기기를 고정할 거치대를 준비한다. 상품과 진행자의 거리를 잘 잡아주는 각도와 높이에 맞춰 거치대를 설치한다. 마이크 역시 어느 방향에서나 소리가 잘 나오는 무지향성 마이크를 준비하면 좋다. 방송 녹화용 모바일은 거치해두고 셀러 가까이에 모니터링할 여분의 모바일 기기나 태블릿 PC, 노트북 등을 준비하면 좋다. 거치되어 있는 방송용 모바일 기기에 댓글이 올라오면 조금만 멀리 떨어져 앉아도 글자가 잘 보이지 않기 때문이다. 실시간 소통은 다른 기기를 앞에 놔두고 하기 바란다. 거치되어 있는 모바일 기기만으로 방송을 하게 되면 계속 올라오는 채팅글을 보기 위해 얼굴을 화면 가까이 들이밀어야 한다. 화면에 갑자기 얼굴이 너무 가까이 들어오면 보는 사람은 부담을 느낄 수 있다.

더불어 방송에 필요한 모바일 기기의 충전 상태를 꼭 확인한다. 만약 라이브 방송 중에 방전된다면 끔찍한 일이다.

상품을 세팅한다

앞에서도 얘기했듯이 상품은 되도록 화면에 풍성하고 밋밋해보이지 않도록 세팅한다. 화면에 제품명이 제대로 보이는지, 상표나 상품명이 거꾸로 세팅되지는 않았는지 반드시 확인한다. 좌우반전 모드를 설정하면 글씨가 거꾸로 보이는 것을 미연에 방지할 수 있다.

상품을 세팅할 때 단조롭게 바닥에 두는 것보다는 화면에 입체적으로 보이도록 아래쪽, 위쪽으로 다양하게 놓아보자. 방송 중에 상품이 채팅창에 가려지지 않도록 미리 상품의 위치를 조절한다.

화면의 위치와 각도를 미리 테스트한다

라이브 방송을 진행하기 전에 테스트를 해보자. 반드시 테스트 화면을 통해 세팅한 상품과 진행자의 거리, 모바일 화면의 위치, 조명의 밝기, 그림자 부분까지 확인하는 것이 좋다. 상품이 너무 단조로워 초라하게 보이면 녹화할 모바일을 가까이 당겨 화면에 꽉 찬 느낌이 들게 한다. 식품의 경우 다양한 시연이나 게스트를 활용해 풍성한 느낌을 주자. 단, 상품을 정확하게 보여주고 싶을 때는 셀러가 직접 화면 가까이로 다가가서 보여준다.

실내에서 진행하는 라이브 방송 준비 모습

*출처: 진화림

상품에 어울리는 의상과 메이크업 등 이미지 메이킹에 신경 쓴다

집에서 편하게 방송하다 보니 '나 집에 있소'를 알려주듯 맨얼굴에 대충 집에서 입는 티셔츠를 걸치고 단정하지 않은 헤어스타일로 진행하는 셀러가 있다. 적어도 돈을 내고 상품을 사려는 시청자의 입장에서는 판매자의 그런 모습에 신뢰를 가질 수 없다. 손님을 대하는 에티켓은 기본이다. 또 늘 같은 옷을 입고 방송하는 셀러도 있다. 특별한 의도가 있어서 같은 옷을 계속 입는 게 아니라 입다 보니 그 전 방송에서 입었던 옷이라는 사실을 기억하지 못하는 것이라면 방송 전에 자신이 진행한 이전 방송들을 쭉 훑어보자. 이왕이면 매번 비슷한 방송을 보는 느낌보다는 새롭게 보이는 것이 좋다.

주변 상황을 미리 확인한다

집에서 방송하는 경우 미처 생각지 못한 상황이 벌어지기도 한다.

한번은 집에서 한창 방송을 하고 있는데 아파트 관리실에서 공지방송을 하기 시작했다. 보통 아파트 관리실에서 하는 방송은 내 마음대로 볼륨을 조절할 수도, 소리를 차단할 수도 없으니 끝날 때까지 기다리는 수밖에 없다. 그 이후로 혹여나 누가 집 벨을 누를까 봐 볼륨을 미리 조절해두고 관리실에서 방송할 사안이 있는지 확인하는 습관이 생겼다. 갑작스러운 잡음은 어쩔 수 없다 해도 미리 차단할 수 있는 주변 상황은 방송 전에 점검하도록 하자.

02 야외에서

재래시장이나 쇼핑몰, 대형마트나 편의점 등에서 라이브 방송을 진행하는 경우 가장 먼저 신경 써야 하는 것이 주변 소음이다. 영화나 드라마를 촬영할 때처럼 주변 상황을 통제할 수는 없으니 간혹 방송 진행이 매끄럽지 못할 때가 있다. 이때는 주변 잡음이 들어가지 않는 마이크를 반드시 준비하자. 주변 잡음은 최소화하고 정면으로 들리는 소리에 집중할 수 있어 시끄러운 야외에서 효과적이다.

또한 라이브 방송을 진행하는 중이라는 사실을 알지 못하고 "왜 하는 거예요?", "지금 뭐 하는 거예요?" 등 지나가는 행인의 돌발 질문이 발생할 수 있다. 이런 경우 난색을 표하거나 당황스러워하기보다는 의연한 태도로 소통해주는 센스가 필요하다.

야외에서 방송을 진행하면 변수가 많아 어렵다면 비교적 조용한

일반 카페를 대관해서 라이브 방송을 준비하는 모습

*출처: 진화림

야외 테라스나 카페, 공원 등 한적한 곳을 찾아보자. 또 화면이 잘 나오는 곳을 미리 섭외해서 일정 시간 동안 대관하는 방법도 있다. 휴대용 조명과 거치대, 상품 세팅할 공간만 확보된다면 이런 방식으로 방송을 진행하는 것도 좋다.

야외에서 진행할 때 소음만큼 꼭 확인해야 할 사항이 '통신망이 원활하느냐'다. 통신 상태가 원활하지 못해 계속 방송이 뚝뚝 끊긴다면 시청자는 '안 들려요', '안 보여요' 하다가 이내 나가버릴 것이다. 통신 상태가 확실한 곳에서 진행하자.

날씨도 미리 체크한다. 햇빛 쨍쨍한 물놀이터에서 자외선 차단제 판매 방송을 하려고 큐시트와 다양한 시연 물품까지 다 준비했는데 폭우가 쏟아진다면 진행할 수 있겠는가. 혹은 야외 테라스에서 상품을 세팅해놓고 라이브 방송을 시작했는데 갑자기 돌풍이 불어 세팅된 상품들이 이리저리 날아가고 셀러의 머리카락이 마구 흐트러지는 일이 발생한다고 해보자. 상상만으로도 아찔하다. 이러한 돌발 상황과 변수에 대비하기 위해 미리 대안을 준비해두면 좋다.

03 스튜디오에서

2020년은 라이브 커머스 시장의 본격적인 성장세를 보여주는 한 해였다. 다양한 플랫폼이 등장하고 라이브 커머스만을 전문으로 마케팅하는 업체들이 우후죽순 생겨나면서 마치 소규모 홈쇼핑 방송국을 연상케 하는 스튜디오에서의 진행이 많아지고 있다.

스튜디오에서 방송을 진행할 경우에는 전문 스태프들이 함께 진행을 돕는다. 전체적인 라이브 방송을 진두지휘하는 PD도 있고, 촬영을 해주는 카메라 감독도 있고, 채팅창에서 실시간으로 소통해주는 스태프도 있다. 집에서 혼자 진행할 때보다는 편안한 환경이다.

스튜디오에서 진행할 때는 의상과 헤어스타일, 메이크업에 더욱 신경을 써야 한다. 스튜디오에서는 상품과 어울리고 스튜디오 배경과도 잘 맞는 의상을 미리 여러 벌 준비해 스태프와 사전에 상의하는 것이 좋다. 혼자 하는 것이 아니므로 스태프들과 많은 부분을 공유하고 조율하면서 진행한다.

리허설을 해보는 것이 좋다. 홈쇼핑 방송처럼 여러 스태프가 함께 움직이는 스튜디오에서는 시연할 때 다양한 방향에서 촬영을 해볼 수 있다. 어느 시점에 메인 무대에서 설명하고 언제쯤 옆쪽 시연 테이블에서 보여줄지를 미리 점검한다. 특히 진행자는 미리 스튜디오 공간 안에서의 동선을 점검할 필요성이 있다. 방송 전에 동선 연습을 많이 해두면 실제 방송에서 자연스럽게 이동을 할 수 있다. 방송 중 시연을 하며 이동할 때는 상품을 직접 활용하는 것까지 자연스럽게 보여줘야 하므로 여러 번 반복해서 연습하자.

마이크를 통해 나오는 자신의 목소리 톤과 볼륨 또한 중요하다. 보통 실내에서 자유롭게 방송을 하던 사람들은 스튜디오에서 방송용 마이크를 다는 것부터 어색해한다. 어색함이 사라질 때까지 마이크 테스트를 해보고 마이크 달 위치를 확인해서 중간에 마이크가 빠지는 실수를 미연에 방지한다. 마이크 없이 방송하던 사람은 자칫 평소 목소리 톤이 높거나 너무 클 우려가 있으므로 마이크 상태를 반드시 미리 확인해야 한다.

방송 중 활용하는 POP 패널이나 자료 등도 미리 점검한다. 스튜디오에서 많이 활용하는 POP 패널도 종류가 다양하다. 어디에 두었다가 몇 회 정도를 어떻게 들어서 보여줄지 미리 확인하는 것이 좋다. 직접 잡는 느낌도 확인해보고 핸들링하는 각도나 위치도 살펴보자.

상품 핸들링도 반드시 사전에 의논해야 한다. 집이나 실내에서는 혼자 모바일 화면 가까이 보여주면서 자유롭게 핸들링하면 되지만

스튜디오에서 진행하는 라이브 방송 준비 모습

*출처: (주)커션컨텐츠핫

스튜디오에서는 사전에 카메라 감독과 상황을 미리 맞춰봐야 한다. 만약 방송 중에 계획하지 않았던 핸들링을 하려면 하기 전에 '내가 곧 핸들링으로 시연을 하겠다'라는 메시지가 담긴 멘트를 통해 카메라 감독이 준비할 수 있는 여유를 준다면 센스 있는 진행자로 인정받을 것이다.

"○○○ 님, 제형이 궁금하시다고요? 지금 들어오셔서 좀 전에 보여드린 제형감을 못 보셨으니 그럼 제가 다시 보여드릴게요."

미리 준비할 시간을 예고해준다면 서로 당황하는 일이 생기지 않는다. 무엇보다 여럿이 함께 진행하는 방송이므로 서로에 대한 배려가 필요하다. 스튜디오에서 방송을 진행하는 경우 하나의 상품을 판

매하기 위해 셀러를 포함해 업체 관계자들, 방송 관계자들 등 다양한
사람들이 모여 열정을 불태운다. 내 고집만 내세우거나 내 생각대로
만 진행하기를 요구한다면 그 방송은 성공하지 못할 확률이 높다. 기
대하는 매출과 지속적인 판매 방송을 위해 같은 배를 탔는데 여럿의
사공이 각자의 목소리만 높인다면 결국 배는 산으로 가지 않겠는가.
함께하는 이들과의 배려가 곧 기분 좋은 소통으로 이어지고 결국 원
하는 목표에도 빨리 다다를 수 있다.

모두에게 또 하나의
희망 씨앗이 되어주기를

오늘도 SNS로, 이메일로 연락이 온다.

"저희도 라이브 커머스에서 새로운 수익을 기대할 수 있을까요?"

"재래시장 상인인데요. 우리 가게 떡볶이를 라이브 커머스에서 판매하고 싶은데 가능할까요?"

"교수님, 저도 '1인 셀러'라는 직업을 가질 수 있을까요?"

"선생님, 저는 라이브 커머스 셀러가 꿈이에요. 할 수 있을까요?"

"대표님, 라이브 커머스를 진행하려면 어디서부터 어떻게 준비해야 하나요?"

삶의 패턴이 순식간에 바뀐 지금, 다들 달라진 삶에 어떻게 빨리 대처하고 나아가야 할지 막막할 것이다. 여기저기에서 언택트 시대에 발맞춰 나아가자고 외치지만 갈피를 잡기가 어려운 게 현실이다.

뾰족한 묘안도 정확한 해답도 없이 선택의 기로에 서 있는 지금, 1인 라이브 판매 방송에 조전하려는 모든 분들에게 라이브 커머스가 돌파구가 되어줄 것이다.

그렇다면 왜 라이브 커머스일까? 코로나 시대, 비대면이 일상이 되었다. 처음 코로나19로 '집콕'을 해야 했던 때를 떠올려보면 숨이 턱까지 차고 답답해 미칠 것만 같았다. 삼삼오오 모여 얘기를 나누던 일상이 이토록 그리웠던 적이 없었다. 이런 답답함이 비단 나뿐이랴. 그 어느 때보다도 강력한 단절의 시대를 보내고 있는 지금, 누군가와 마음껏 소통하고 교감하고 싶다는 간절한 바람이 사람들을 라이브 커머스로 몰려들게 한 것은 아닐까. 이러한 상황에 새롭게 주목받고 있는 라이브 커머스! 이 시장은 폭발적으로 성장해나가고 있다. 세상이 바뀌면 나도 바뀌어야 한다. 미래를 예측할 수 없다는 이유로 나아가기를 주저한다면 늘 누군가의 뒤만 좇게 될 것이다. 그러니 지금 새로운 쇼핑 문화의 흐름에 올라타 이 기회를 잡아야 한다.

현재는 현장에 꼭 필요한 라이브 커머스의 실전 지식을 제대로 알려주는 책이 마땅히 없는 실정이다. 그래서 글을 쓰기 시작했다. 우리의 경험과 노하우를 책에 온전히 녹여내기 위해 고민하고 또 고민했다. 조금이라도 더 쉽게 전달하기 위해 원고를 지우고 다시 쓰기를 수차례 반복했다.

이 책은 라이브 커머스에 도전해보고 싶지만 어떻게 시작해야 할지 몰라 막막한 이들에게 지침서가 되어줄 것이다. 이미 라이브 커머스 시장에 뛰어들어 활동하고 있는 셀러에게도 그들이 미처 알지 못했던 여러 정보와 다양한 노하우를 일러줄 것이다. 특히 코로나19로 상황이 어려워진 중·소상공인에게 이 책이 라이브 커머스라는 새로운 판로를 열어줄 수 있기를 바란다.

하나의 책이 완성되기까지 여러 모로 애써주신 분들에게 이 자리를 빌려 감사의 말을 전한다.

회사 설립부터 항상 든든한 지원군 역할을 해준 서울산업진흥원 본부장님과 미디어콘텐츠팀, 그리고 소상공인하이서울브랜드기업협회 조현종 회장님과 서울시상인연합회 이인재 사무처장님, 늘 격려와 응원을 아끼시지 않는 선배이자 멘토인 SK브로드밴드 김종원 상무님, 항상 업계 트렌드와 전략에 대한 조언을 해주시는 CJ ENM 이종수 부장님, 라이브 커머스 No.1 셀러 개그맨 문천식 님, 여러 라이브 커머스 플랫폼에서 완판 행진을 이어가며 활약 중인 개그맨 강재준·이은형 부부, 설득박사로 유명한 김효석 쇼호스트 아카데미 원장님, 이커머스 신입 때부터 MD 멘토였던 케이바이오 오형주 상무님과 현대홈쇼핑 이수석 팀장님, 생생한 사례를 통해 라이브 커머스 진행 노하우를 아낌없이 얘기해주는 현대홈쇼핑 김봉희 쇼호스트, 라이브 커머스 초기 정착에 큰 도움을 주신 그립 송진화 실장님과 파트너 공급사 자임트리 김중기 차장님, 홈쇼핑 크로마키 화면과 의상이 겹쳐 '웃픈' 에피소드의 주인공이 된 홈쇼핑 방송인 박인아, 크리에이티브 디렉터 정민아, 28만 구독자 유튜버 훈타민 님, 모든 강의 강연을 메이드해준 트레져헌터 하채원 팀장님, 인생의 눈 밝은 스승인 봉사단체 나눔코리아 조현두 회장님, 공동창업자이자 핵심 참모인 변형철 PD, 27년 지기 배우 박정서, 기업운영 자문과 코칭을 전담해주는 디오비스튜디오 오제욱 대표, 두 저자의 인생사진을 찍어준 화이트스튜디오 심재준 사진작가님에게 감사드린다.

마지막으로 이 책이 나오기까지 가족의 격려와 도움이 없었다면 불가능했을 것이다. 곁에서 함께 응원해준 가족 모두에게 진심으로 감사와 사랑을 전한다.

올해는 이 책이 모두에게 또 하나의 희망 씨앗이 되어주기를 간절히 바란다.

2021년
진화림·이종석 올림

혼자서도 잘하는
라이브 커머스
실전전략

2021년 2월 19일 초판 1쇄 발행
2021년 6월 21일 초판 2쇄 발행

지은이 진화림·이종석
펴낸이 조시현
편 집 유관의
디자인 정아름

펴낸 곳 일월일일
출판등록 2013. 3. 25(제2013-000088호)
주소 04019 서울시 마포구 희우정로5길 27 미도맨션 B동 301호
대표전화 02) 335-5307
팩스 02) 3142-2559

전자우편 publish1111@naver.com
인스타그램 @0101book_

ISBN 979-11-90611-08-4 03320